종자,
세계를
지배
하다

종자는 누가 소유하는가

종자, 세계를 지배하다

초판 1쇄 2014년 5월 15일 발행
6쇄 2018년 4월 16일 발행
2판 1쇄 2021년 7월 20일 발행
3판 1쇄 2025년 4월 23일 발행

기 획 정현덕
지은이 KBS스페셜 〈종자, 세계를 지배하다〉 제작팀
엮은이 장경호
펴낸이 김성실
에이전트 서주현(JS CONTENTS)
표지 디자인 석운디자인
제작 한영문화사

펴낸곳 시대의창 **등록** 제10 - 1756호(1999. 5. 11)
주소 03985 서울시 마포구 연희로 19 - 1
전화 02)335 - 6121 **팩스** 02)325 - 5607
전자우편 sidaebooks@daum.net
페이스북 www.facebook.com/sidaebooks
트위터 @sidaebooks

ISBN 978 - 89 - 5940 - 864 - 1 (03300)

잘못된 책은 구입하신 곳에서 바꾸어드립니다.

KBS
스페셜

종자, 세계를 지배하다

KBS 스페셜
〈종자, 세계를 지배하다〉 제작팀
지음

시대의창

종자 전쟁은 아직 진행 중이다

2011년 2월의 마지막 일요일, KBS스페셜 〈종자, 세계를 지배하다〉 편을 내보냈다. 방송 직후, 시청자들의 반응은 뜨거웠다. 방송 관련해 문의 전화가 쇄도했고, 인터넷에선 많은 사람들이 프로그램 얘기를 퍼 나르며, 초국적 종자기업의 종자 지배가 몰고 올 가공할 위험을 우려했다.

그로부터 3년이 돼가는 지금, 〈종자, 세계를 지배하다〉가 책으로 나오게 되니, 변변찮은 프로그램의 제작자로서 그저 고마울 따름이다. 그렇지만, 당시 방송에서 지적했던 초국적 기업의 종자 지배 현상이 한 치의 물러섬 없이, 오히려 더 강화되고 있음을 볼 때, 제작자로서 부끄러운 마음 감출 길이 없다. 다만, 이번 출판이 종자 지배에 대한 무뎌진 현실 인식을 더욱 벼릴 수 있는 계기가 됐으면 하는 게, 미련을 버리지 못한 제작자의 뒤늦은 바람이다.

내 어릴 적 기억으로, 농부였던 아버지는 해마다 수확한 곡식 중에 일부를 골라 창고에 따로 저장하셨는데, 이듬해 햇살이 따뜻해지면 어김없이 그 씨앗으로 파종 준비를 하셨다. 물과 소독약이 적당히 섞여 있는 커다란 고무 대야에 씨앗을 한가득 붓고서는 온도계로 일일이 온도를 맞춰가며 파종할 씨앗을 애지중지 살피시던 그 모습이 지금도 눈에 선하다. 방법은 그때와 많이 달랐겠지만, 수천 년 전부터 농민들은 해마다 그렇게 좋은 종자를 선발해 왔고, 그 농민들의 노고에 힘입어 우리는 건강하고 좋은 곡식을 먹을 수 있었다.

그런데 불과 40여 년 만에 현실은 많이 달라졌다. 이제 해마다 봄이면 농민들은 종자기업들이 생산한 씨앗을 사기 위해 시장으로 달려간다. 자신이 키운 씨앗이 아니기에, 좋은 씨앗인지 아닌지도 모른 채 돈을 주고 산다. 사는 것 외에 씨앗을 구할 방법은 없다. 농민들에게 씨앗이 없기 때문이다. 농민의 씨앗은 40여 년 사이에 거의 다 사라졌다. 무엇이, 누가, 농민의 씨앗을 빼앗아 간 것일까? 어떻게? 農夫餓死枕厥種子(굶어 죽더라도 농민은 그 종자를 베고 죽는다)라 했는데 말이다.

어릴 적 아버지의 모습을 신기하게 지켜봤던 그 아련한 기억에서부터 〈종자, 세계를 지배하다〉는 기획되었다. 왜 지금은 농민들이 종자를 사야만 할까? 2010년 촬영 기간 내내, 수천 년 동안 농민의 손에서 손으로 이어진 우리의 토종 종자를 찾아 전국을 누볐다. 전남 보성의 한 시골 마을에서부터 순천, 정읍, 논산, 괴산, 음성, 수원, 화성, 파주, 원주, 봉화, 군위, 밀양에 이르기까지 구석구석을 찾아다녔지만, 온전한 토종 종자를 만나기란 쉽지 않았다. 허름한 헛간에 좀먹은 채 방치된 몇 줌의 씨앗들조차도 그저 고마울 따름이었다. 허리가 휘어진 촌로들이 차마 버리지 못해 끙끙 앓듯이 간직해온 그 씨앗들에서 눈물겹도록 초라한 우리 농촌을 보는 것 같아 씁쓸했다. 토종 종자가 사라진 들녘은 종자기업의 씨앗이 그 자리를 메운 터라, 농촌 어디서나 쓰고 버려진 종자 포장 봉지(종자기업의)가 넘쳐났다.

농민이 자신의 씨앗을 잃어버린 이런 현실은 우리만의 특수한 사정일까? 불행히도 우리보다 더 심각한 현실을 여러 나라에서 관찰할 수 있었다. 초국적 종자기업에게 50년간 지켜온 자신의 종자를 송두리째 빼앗긴 캐나다의 농민. 해마다 종자기업이 면화 종자 가격을 올리는 바람에 큰 빚을 떠안은 농민들이 매년 수백 명씩 목숨을 끊고 있는 인도의 농촌. 끝없이 펼쳐진 들판이 있지만 종자기업에 얽매여 오로지 GMO 옥수수와 GMO 콩만 재배해야 하는 미국 대평원의 농민들. 지구촌 각지에서 만난 농민들의 현실이 곧 우리 발등에 떨어질 수도 있다는 느낌은 묵직한 돌덩이가 되어 가슴을 짓눌렀다. 분노하던 그들의 모습은 종자를 빼앗긴 농민들이 걸어가야 할 형극의 길을 잘 말해주었다.

학자들은 오늘날 지구 전역에서 벌어지고 있는 기업에 의한 종자 지배가 장래에 큰 재앙을 초래할 수 있다고 경고하고 있다. 이윤을 좇는 기업의 특성상, 종자기업은 많은 종류의 종자를 개발할 필요가 없다. 예를 들어, 수천 가지 옥수수 품종 중에 A 품종 계열의 종자가 상품성이 좋다고 판단되면, 종자기업은 다양한 품종의 옥수수를 내놓기보단 A 품종 계열만을 판매하고자 할 것이다. 품종이 단순해질수록 개발 비용이나 관리 비용을 줄일 수 있기에, 종자기업에겐 그만큼 더 큰 이익이 생기게 된다. 많은 양을 파는 것이 중요하지, 많은 품종을 내놓을 이유가 없는 것이다. 심각한 문제는 바로 여기에 있다. '종의 단순화'가 초래되는 것이다.

인류 공동의 유산으로 함께해온 수십 만 종의 종자가 종자기업의 전유물이 되는 순간, 종다양성은 사라지고 몇몇 종자만 살아남게 된다. 옥수수 A 품종이 지구촌을 온통 뒤덮고 있다고 생각해보자. 이 품종이 특정 질병에 취약하다면? 생각만 해도 끔찍하다. 질병으로 이 옥수수가 전멸하면, 지구상에서 옥수수는 사라지고 굶주리는 세계는 아우성칠 것이다. 그래서 종의 단순화는 치명적인 것이다.

한편, 기업의 종자 지배는 GMO(또는 LMO) 개발을 가속화시키고 있다. 오늘날 초국적 종자기업의 대부분은 농화학회사(농약제조사)들이 소유하고 있다. 몬산토, 듀폰, 신젠타 등이 그런 기업들이다. 농화학회사들이 종자회사를 거느리고 있는 이유는 간단하다. 농약에 맞춰 종자를 디자인(유전자조작)하면 종자도 팔고 농약도 팔 수 있게 된다. 특정 농약과 한 세트를 이룬 GMO 종자는 그 농약 없이는 존립 자체가 불가능하도록 만들어지고 있다. 이야말로 꿩 먹고 알 먹고, 도랑 치고 가재 잡는 전략이다. 종자기업이 GMO 개발에 열을 올리는 이유는 여기에 있다.

GMO 종자는 옥수수, 콩, 카놀라, 알팔파, 면화 등 많은 농작물에서 보편화되고 있고, 우리의 식탁과 생활 곳곳을 점령해가고 있다. 농민의 손에서 수천 년 이어져온 '농민의 씨앗'이 사라지면서, 우리는 '종의 단순화'와 넘쳐나는 GMO 식품의 시대를 살아가고 있다. 기업의 종자 지배가 몰고 올 미래가 어떨지, 우리 아이들이 어떤 세상을 살아갈지 걱정스러운 마음이 앞선다. 초국적 종자기업의 손아귀에 든 종자는 우리의 미래를 온전히 보장할 수 없다. 종자는 반드시 농민의 손에 간직되어야 한다.

끝으로, 희미한 기억 속으로 사라져가던 TV 프로그램을 책이라는 새 얼굴로 다시 태어날 수 있게 만들어준 시대의창 출판사와 프로그램 내용을 다시 정리하고 살을 붙여준 농업농민정책연구소 녀름의 장경호 부소장께 감사드리며, 촬영 내내 궂은일을 마다하지 않았던 김승환 촬영감독, 방송 원고 쓰느라 고생했던 고은희 작가, 신광연 편집감독에게도 고마운 인사를 전한다. 또한, 프로그램 제작에 기꺼이 도움을 베풀어주셨던 전국의 수많은 농민들과 자신들의 슬픈 현실을 이방인 앞에서 담담히 들려주었던 인도,

캐나다, 미국의 농민들 모두에게도 지면을 빌려 다시 한 번 감사 인사를 전한다. 제작 기간 동안, 잦은 출장과 편집으로 숱하게 집을 비웠음에도 늘 내 곁에서 든든한 버팀목이 되어준 아내 박수희와 큰딸 정하은, 작은딸 정하윤 그리고 얼마 전 태어난 막내 정하준에게는 사랑한다는 말을 전한다.

KBS 프로듀서 정현덕

차례

표/도표 차례

1

비극의 기록

농민, 종자의 덫에 갇히다

자살을 부르는 씨앗

인도 면화 농민들의 자살

지난 10년 동안 20만 명에 이르는 인도 농민들이 자살을 선택했다. 평균 30분에 한 명이 스스로 목숨을 끊은 셈이다. 인도 농민들의 자살은 주로 부채 때문이다. 농산물을 생산하는 데 드는 비용보다 수확물의 시장가격이 낮기 때문에 농민들은 빚을 지게 되고, 갈수록 불어나는 빚에 시달리다 못해 끝내 마지막 선택을 하게 되는 것이다.

인도 농민들의 자살은 전 세계적인 사회문제로 떠올랐다. 자살이라는 극단적인 선택을 할 수밖에 없었던 농민들의 처지뿐만 아니라 농민의 자살로 인해 남겨진 문제 또한 심각하다. 가장을 잃은 배우자와 아이들은 빈곤의 나락에 더욱 깊이 빠져들게 된다.

인도 비다르바 지방 야와뜨말 마을에서 면화 농사를 짓던 안주나 까우르지. 그녀의 남편은 지난 2010년 농약을 마시고 목숨을 버렸다. 이유는 Bt면화 농사를 지으면서 급격히 늘어난 부채 때문이었다. Bt면화 종자로 농사짓기 전에는 빚이 그리 많지 않았다. 그런데 Bt면화 종자를 재배하면서 3년간 5만 5000루피•에 달한 빚을 지게 되고, 빚을 감당하지 못한 자신의 아버지가 결국 자살했다고 비노드는 말한다. 결국 Bt면화 때문에 비노드의 아버지가 자살한 것이다. 까우르지 가족은 면화 농사를 포기했다.

Bt면화를 재배하지 않았더라면 안주나의 남편은 자살하지 않았을지도 모른다. 토종 면화를 재배할 때에는 비록 수확이 많지 않더라도 대출받는 일은 거의 없었다. 하지만 높은 수확량을 보장한다던 Bt면화를 재배하자 대출은 늘어나고 수확은 줄어들었다.

면적이 9만 7000여 제곱킬로미터에 이르는 비다르바 지역은 인도 중심부의 광활한 고원지대로, 전체 경작지의 20퍼센트가 면화밭이다. 인도 면화의 주요 생산지 중 하나로, '면화 벨트'라고 불려왔다. 하지만 지금은 면화 벨트가 아니라 '자살 벨트'라고 불린다. 인도의 농민 자살 사건 가운데 절반 이상이 이 지역에서 일어나고 있기 때문이다.

• 2003년 9월 기준 1루피는 원화로 약 25원, 1092루피는 원화로 약 2만 7000원이다.

Bt면화 판매를 규탄하는 인도 농민 시위

기쇼르 띠와리/인도 자살방지농민회 대표

"오늘날 인도의 농업은 몬산토를 비롯한 미국 회사들의 손안에 있다. 몬산토는 자신들의 종자로 인도 전체 시장을 독식하고 있다."

인도 농민의 자살이 급격히 늘어난 것은 1997년 인도 정부가 면화 시장을 개방하면서 면화 농업에 대한 보조금을 폐지하고 Bt면화를 도입했을 때부터다. 면화 보조금이 폐지됨과 아울러 면화 가격마저 떨어지면서 소득이 급격히 하락하자 인도의 면화 재배 농민들은 수확량을 더 많이 보장한다는 Bt면화를 선택하기 시작했다.

면화 재배의 만병통치약, Bt면화와 몬산토

본래 면화는 목화다래나방, 연지벌레, 노린재, 목화바둑명나방, 진딧물 등 해충에 매우 약한 작물이다. 인도의 농민들은 이러한 해충을 다스리기 위해 천연 약재를 사용해왔다. 인도 거리 곳곳에서 볼 수 있는 가로수인 님nim, neem나무의 잎과 껍질에 들어 있는 살균 성분이 그중 하나다. 인도의 농민들은 님나무에서 추출한 천연 살충제를 사용해 면화에 해를 입히는 각종 해충을 구제驅除하는 한편, 면화를 다른 작물과 돌려 짓는 윤작을 해왔다. 면화를 수확한 뒤 다시 면화를 심기 전에 다른 작물을 재배함으로써 면화를 공격하는 해충의 기세를 꺾기 위해서이다.

그런데 면화를 더 많이 재배하고 해충을 손쉽게 구제하기 위해 농약과 비료가 사용되기 시작했다. 전통적인 방법 대신 농약을 쓰자 곤충의 체내에서 살충제에 대한 저항성이 높아졌다. 그래서 농민들은 살충제의 농도를 더욱 짙게 하거나 더욱 독한 성분을 사용해야만 했다. 면화는 인도 전체 농지의 약 5퍼센트에서 재배되는데, 인도 전체 농약 사용량의 55퍼센트가 면화 재배에 사용될 정도로 농약 의존도가 심각해졌다.

이때 텔레비전 광고를 통해 만병통치약처럼 등장한 것이 바로 Bt면화다. 농약 없이도 높은 수확량을 보장한다는 몬산토Monsanto의 Bt면화는 농민들에게 마치 구원자처럼 소개되었다. 스타 영화배우가 텔레비전에서 Bt면화를 광고했고, 곳곳에 수만 장 넘게 붙은 광고 포스터에는 Bt면화 덕분에 장만할 수 있었다는 듯 번쩍거리는 새 트랙터 옆에 서서 웃고 있는 농민의 사진이 실려 있었다.

Bt면화는 GMOgenetically modified organism, 곧 유전자조작으로 만들어진 면화 종자다. 본래 해충에 약한 면화의 유전자에 살충 작용을 하는 Bt(바실루스 투린기엔시스Bacillus thuringiensis)균을 삽입하여, 해충이 면화 잎을 갉아먹으면 죽도록 만들어진 것이 바로 Bt면화다.

미국에 본사를 둔 몬산토는 1949년 처음 인도에 진출하여 제초제와 살충제를 판매했다. 몬산토는 인도의 대표적인 종자기업인 마히코Mahyco와 합작 회사를 설립해 1998년부터 인도에서 Bt면화를 시험 재배했다. 해충에 대한 저항성을 띤다고 알려진 Bt면화는 해충 피해가 극심한 면화 재배에 매우 적합한 종자로 보였다.

Bt면화 종자 도입을 둘러싸고 당시 인도 환경단체와 농민 들의 반대가 극심했다. 이들은 인도 유전공학허가위원회Genetic Engineering

인도 텔레비전에 방영된 Bt면화 광고

Approval Committee(GEAC)에 Bt면화에 대한 안전성 실험 실시를 요구했지만 받아들여지지 않았다. 시험 재배에 관한 내용은 기밀이라는 이유로 공개조차 되지 않았다. 2002년 상업적 Bt면화 재배가 허용되었고 지금은 면화 재배 지역의 90퍼센트에 달하는 지역에서 Bt면화가 재배되고 있다. 그리고 여기서 재배되는 면화 종자는 거의

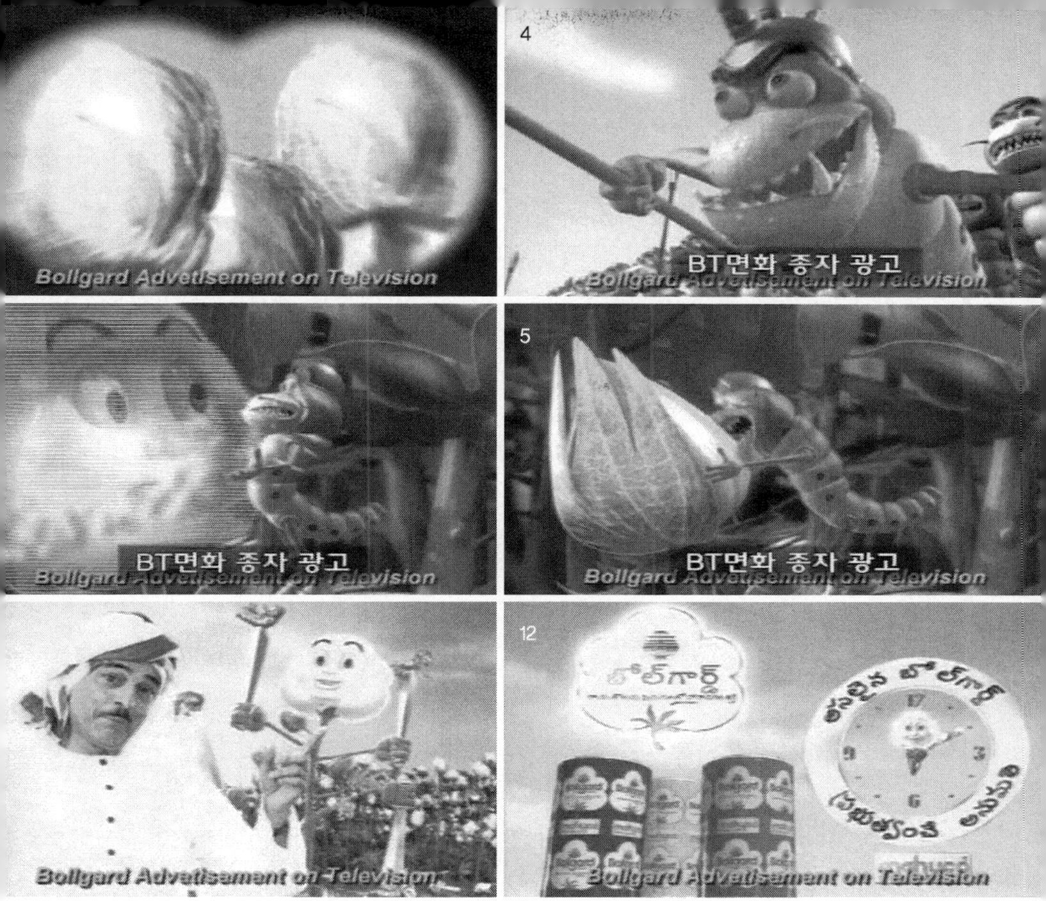

대부분 몬산토와 직간접으로 관계 있는 기업들이 판매하고 있다. Bt면화의 상업적 재배를 추진한 몬산토는 마히코몬산토바이오텍 Mahyco Monsanto Biotech(MMB)과 같은 합작 회사를 운영할 뿐 아니라 현지 기업들과 라이선스 계약을 통해 인도 면화 종자 시장을 장악하고 있다.

최근 몬산토는 새로운 민관 제휴를 통해서 인도 종자 시장에 대한 장악력을 더욱 높이려고 노력하고 있다. 잠무카슈미르 주, 라자스탄 주, 오리사 주, 히마찰프라데시 주, 구자라트 주 정부에서는 각각 몬산토의 교배종 옥수수, 면화, 채소 개발과 생산, 판매 등을 지원한다는 양해각서에 서명했다. 몬산토는 인도 내 종자기업들을 인수 합병하거나 종자 판매상들과 종자 사용권 계약을 맺어 시장을 장악하고, 그 힘을 공고히 하는 한편 더욱 확대하기 위해 지방정부에게까지 손을 뻗치고 있는 것이다.

Bt면화의 실체

Bt면화 종자는 도입 초기부터 일반 면화 종자보다 가격이 매우 비쌌다. 농약을 쓰지 않아도 되는 종자라고 해서, 농민들은 빚을 내어 비싼 Bt면화 종자를 구입하기 시작했다. 번쩍거리는 트랙터의 꿈을 받아들인 것이다.

그러나 Bt면화는 광고만큼 높은 소득을 보장해주지 않았다. 인도의 민간단체인 생물다양성보호연합Coalition for the Defence of Biodiversity(CDB)에서 2003년에 진행한 연구에 따르면 Bt면화 재배 비용은 일반 면화 재배 비용보다 1에이커•당 평균 1092루피가 높았다. 또한 일반 면화 농사의 순이익이 에이커당 평균 5368루피에

Bt면화 전용 농약

이른 반면, Bt면화 농사에서는 오히려 순손실이 1295루피 발생한 것으로 나타났다. 2005년에 다시 진행된 조사에서도 마찬가지 결과가 나타났고, 제초제와 살충제 등 농약 사용량은 오히려 늘었다. Bt면화 파종이 시작된 2002/03년에는 일반 면화에 비해 GMO 면화의 농약 사용량이 약간 적었지만, 2005년 평균 농약 구입 비용은 일반 면화의 경우 1에이커당 1311루피, GMO 면화의 경우 1351루피였다.

2002년 Bt면화 재배가 공식적으로 승인된 이후 2000년대 중반까지는 재배 경작지가 전체 면화 경작지의 5퍼센트대에 그쳤으나, 2012년 현재 경작지의 90퍼센트를 차지한다. 인도의 면화 수확량은 Bt면화 종자가 확산되기 전인 2000/01년부터 5년간

- 1에이커acre(기호는 ac)는 약 1224평(약 4047제곱미터)에 달하는 면적이다.

69퍼센트 증가했는데, Bt면화 종자가 지배적이 된 2005/06년부터 2011/12년까지는 도리어 수확량이 전해에 비해 소폭 상승하는 데 그치거나 감소했다.•

게다가 Bt면화가 도입된 뒤 농민들에게 골칫거리가 하나 더 생겨났다. Bt면화 종자에 묻어온 가루깍지벌레(밀리버그mealybug)라는 해충이다. 면화 가지에 달라붙어 즙을 빨아먹는 가루깍지벌레는 농약으로도 잘 죽지 않고, 손으로 떼어내는 것만이 유일한 해결책이다. 면화에 피해를 입히던 가루깍지벌레는 이제 호박, 콩과 같은 다른 농작물에까지 옮아가 인도 토종 식물들을 초토화시키고 있다. 본래 토종 면화에는 없던 해충이 Bt면화 도입과 함께 나타나 농민들을 괴롭히는 셈이다.

인도 농민들의 자살에 대한 책임은 그 농민들에게 있지 않다. 그들에게 잘못이 있다면 종자회사가 돈을 들여 내보낸 텔레비전 광고에 현혹된 죄밖에 없을 것이다. 하지만 GMO 종자가 도입된 뒤로 인도의 농민들은 자칫 자살로 이어지는 수렁을 쉽게 벗어나기 어려운 상황에 처했다. 앞서 말한 바와 같이 인도의 종자 시장

• The Cotton Corporation of India Ltd., "State-wise Area, Production, Yield for last ten years", http://cotcorp.gov.in/state-operations.aspx; Coalition for a GM-Free India, "10 Years of Bt Cotton: False Hype and Failed Promises - Cotton farmers' crisis continues with crop failure and suicides", 2012, http://www.keine-gentechnik.de/fileadmin/pics/Informationsdienst/Schul-Seiten/fotos/2012_Coalition_GM_free_India_Bt_Cotton_Hype_False_Promises.pdf.

면화 가지를 뒤덮은
가루깍지벌레(밀리버그)

콩과 호박에까지 번진
가루깍지벌레

은 몬산토를 위시한 농기업들이 장악했고, 그들은 지방정부들과 결탁해서 더욱 GMO 확산을 추진하고 있기 때문이다. 이제 농민들이 종자를 사러 농자재 가게를 찾아가도 일반 면화 종자는 찾기 어렵다. Bt면화 종자가 인도의 종자 시장 전체를 장악해버렸기 때문이다.

크리슈나/비다르바 지방의 면화 재배 농부

"토종 면화에는 가루깍지벌레가 없었다. Bt면화가 들어오고 나서 가루깍지벌레가 생겼다. 가루깍지벌레는 Bt면화의 수액을 빨아 먹는다. 그래서 Bt면화는 말라 죽게 된다. 가루깍지벌레를 없애려고 하지만 농약으로는 없애지 못한다."

농약 비가 내리는 마을

아르헨티나를 뒤덮은 GMO 콩밭

아르헨티나는 미국과 브라질에 이어 세계에서 세 번째로 콩(대두)을 많이 재배하는 나라다. 또 미국과 브라질에 이어 세 번째로 GMO 재배 면적이 넓은 나라이기도 하다. 아르헨티나의 대두 농사는 1970년대 국제 대두 가격이 오르면서 산업화되었다. 그리고 1996년 GMO 재배가 도입되면서 더욱 확대되었다. 1989년 500만 헥타르•이던 대두 경작지 면적이 2000년 830만 헥타르, 2002년 1160만 헥타르로 급속히 늘어났고, 2007년에 이르자 전체 경작

• 1헥타르hectare(기호는 ha)는 약 3025평(1만 제곱미터)에 달한다.

지의 60퍼센트에 달하는 약 1600만 헥타르에 대두가 재배되었다. 1998~2002년 사이에 대두 밭으로 변해버린 산림 면적만도 22만 헥타르에 달한다. 이제는 아르헨티나 어디를 가더라도 콩밭을 볼 수 있게 된 것이다.

아르헨티나의 농업이 대두에 집중되면서 가장 큰 피해를 입은 사람들은 바로 중소 규모 가족농이었다. 대량생산을 통한 수출 농업을 지향하는 아르헨티나의 대두 산업에서 대규모 기업농이 유리한 위치를 차지한 것은 당연한 결과였다. GMO 대두 도입은 이러한 경향을 더욱 가속화했다. 아르헨티나 통계청이 발표한 바에 따르면 1991년부터 2001년까지 파산한 농민의 수가 15만 명에 달하는데, 이 중 10만 명이 넘는 농민이 GMO 대두가 도입된 다음 파산했다. 1998년 GMO 대두에 대한 상업적 재배가 허용된 지 불과 4년 만에 파산 농가가 급증한 것이다.

본래 아르헨티나에서는 옥수수, 밀, 수수 같은 곡물과 해바라기, 땅콩, 대두처럼 기름을 짤 수 있는 식물뿐 아니라 채소와 과일도 재배하고 우유도 많은 양을 생산했다. 하지만 지금 아르헨티나는 유럽에서 사육되는 가축의 사료 공급지로 전락했다. 과거 낙농업의 나라라고 불리던 아르헨티나는 이제 우유를 수입한다. 1996년과 2002년의 생산량을 비교해보면 쌀이 44퍼센트, 옥수수가 26퍼센트, 해바라기는 34퍼센트, 돼지고기는 36퍼센트가 감소했다.

반면 소비자 가격은 크게 올랐다. 1996년과 2003년의 소비자

가격을 비교해보면 밀가루는 162퍼센트, 쌀은 130퍼센트 올랐다. 일반 가정에서 식재료로 많이 쓰이는 렌즈콩의 소비자 가격은 무려 272퍼센트나 상승했다. 대두 산업의 집중적 확대가 아르헨티나의 식량 안보를 흔들고 있는 것이다.

대규모 단작화로 인한 피해

아르헨티나 국토의 20퍼센트를 차지하는 대평원, 팜파스는 세계에서 가장 넓은 목초지로 꼽힌다. 아르헨티나 국내 식량 수요량의 10배 이상을 생산할 수 있는 곡창지대인 팜파스 지역은 1990년대 들어 토양이 척박해지기 시작했다. 한 가지 작물만 대대적으로 경작하는 대규모 단작화 때문이다. 2003년, 아르헨티나 국립농업기술연구소는 1990년대부터의 집약적인 농업으로 인해 팜파스 지역의 생산량이 크게는 30퍼센트까지 줄어들었다고 발표했다.

몬산토는 1994년부터 니데라Nidera나 돈마리오Don Mario 같은 아르헨티나의 주요 종자회사에 제초제 저항성 대두 종자인 라운드업레디Round-up Ready 판매권을 팔았다. 라운드업레디 대두는 1996년부터 급속도로 아르헨티나 국토를 점령했다. 라운드업레디 대두가 재배되는 경작지는 해마다 100만 헥타르 넘게 증가했다.

라운드업레디 대두는 직접 파종하면 된다. 땅을 먼저 갈 필요도 없다. 지난해 수확을 마친 경작지에 곧바로 씨를 뿌리면 된다. 잡초를 없애는 제초제를 네다섯 가지 뿌려야 했지만 라운드업레디 대두에는 라운드업이라는 제초제만 두 차례 살포하면 된다. 라운드업은 라운드업레디 대두만 남겨놓고 모든 식물을 죽인다고 했다. 파종의 편리함과 농약 비용 절감이 집중적으로 홍보되었기 때문에 라운드업레디 대두의 재배 면적이 빠르게 증가한 것이다.

게다가 1996년 1차 광우병 파동으로 국제 곡물 시장에서 대두 값이 크게 오르는 현상이 발생했다. 광우병의 원인은 소에게 소, 닭, 돼지 등의 부산물(인간이 식용하지 않는 부위)을 주원료로 하는 동물성 사료를 먹인 것으로 밝혀졌다. 유럽연합(EU)은 동물성 사료를 금지했고, 그러자 식물성 사료의 원료인 옥수수와 대두 수요가 크게 늘면서 국제 곡물 시장에서 대두 값이 껑충 뛰어올랐다. 농민들은 옥수수, 밀, 해바라기와 재래 콩 재배를 중단하고, 수확량이 많고 재배가 편리하다는 라운드업레디 대두를 심기 시작했다. 그 결과 2010년 현재 1800만 헥타르에 이르는 대두 재배지 대부분에서 GMO 품종이 재배되고 있다.

팜파스 평원 지역의 마을에는 날씨가 맑은 날에도 비가 내린다. 검은 구름이 뿌리는 비가 아니라 비행기가 뿌리는 '농약' 비가 내리는 것이다. 대규모 평원 지역에 농약을 살포하기 위해서 비행기가 동원된다. 안전 조치도 제대로 취하지 않은 상태에서 비행기가 농지며 마을이며 고독성 농약을 마구 뿌리며 지나간다. 대규모 기업농은 인건비를 줄이고 효율성을 높이기 위해 농약을 비행기로 살포하는 방법을 선호한다. 그런데 기업농의 경작지는 아주 넓게 퍼져 있기 때문에 그 안에 마을이 있기도 하고, 살포된 농약이 바람에 실려 이웃 경작지의 마을에 비처럼 내리기도 한다.

이 같은 무차별적인 농약 살포는 GMO를 도입하자 더욱 심각한 문제가 되었다. 특정 제초제와 이 제초제로는 죽지 않는 제초제 저항성 GMO를 함께 도입하면 제초제 사용량이 줄어든다는 것이 애초의 약속이었다. 라운드업레디 대두를 도입하기 전에는 네다섯 가지 제초제를 번갈아 사용해 잡초에 내성이 생기지 않았다. 그런데 라운드업레디 대두에 맞는 라운드업만 사용하자 여기에 내성을 갖는 잡초가 생겨나기 시작했다. 그 바람에 제초제 사용량이 더 늘어나 매년 100만 리터 정도였던 글리포세이트glyphosate• 계

• 글리포세이트는 글리신glycine이라는 아미노산을 이용해 몬산토에서 개발한 물질로, 라운드업의 주원료다. 글리포세이트와 10여 가지 보조 물질(몬산토는 영업 비밀이라는 이유로 세부 성분과 배합 비율을 공개하지 않는다)로 구성된 라운드업이 식물의 잎에 흡수되면, 체관을 따라 뿌리까지 이동하면서 일부 호르몬과 엽록소의 작용을 둔화시켜 식물의 생장을 막는다. 또한 식물의 세포 분열 과정에 개입해서 비정상 세포가 자연히 사멸하는 것을 막아, 식물의 암이라 할 수 있는 암종병을 일으킨다. 1974년 개발되어 '100퍼센트 생물분해성' '환경 친화적' 제초제라고 광고된 라운드업은 세계에서 가장 많이 팔리는 제초제가 되었다. 2000년에 글리포세이트에 대한 몬산토의 독점권이 해제되어, 신젠타의 터치다운Touchdown, 다우의 글리포맥스Glyphomax 등 여러 농화학기업에서 글리포세이트 계열 제초제를 생산해 판매하고 있다. 그리고 이들이 개발한 제초제 저항성 GMO 작물은 대부분 글리포세이트 계열 제초제에 저항성을 갖는다.

열 제초제 사용량이 2005년 1억 5000만 리터로 급증했다.•

농약 사용량의 급증으로 팜파스 토양이 더욱 척박해졌으며 이는 농촌 지역 주민들에게 직접적인 피해를 입혔다. 농약이 직접 피부에 닿아 생기는 피해부터 가축의 피해, 식수와 토양의 오염까지 그 문제가 심각하다. 농약에 노출된 주민들은 유산, 태아의 조기 사망, 갑상선 및 호흡기 이상, 신장과 내분비선 장애 그리고 암, 간질환, 피부질환에 이르는 여러 질병을 앓게 되었다. 농약을 살포하기 최소 이틀 전에 주민들에게 미리 경고해야 한다는 법이 정해졌지만 별로 지켜지지 않았다. 2009년 10월 5일 《오마이뉴스》에 실린 기사를 보자.

> 지난 2006년부터 농약 반대 시위를 주최하고 있는 농촌지역반영모임Grupo de Reflexion Rural(GRR)에서 발행한 리포트의 내용을 살펴보면 농약 살포로 인해 얼마나 많은 사람들이 심각한 인권 침해를 받고 있는지 살펴볼 수 있다. (중략)

• "라운드업레디 대두가 들어오기 전까지 아르헨티나는 매년 100만 리터의 글리포세이트를 소비했습니다." 월터 펭그가 덧붙여 말했다. "그런데 2005년에는 그 양이 1억 5000만 리터로 증가했어요."—마리 모니크 로뱅, 이선혜 옮김, 《몬산토: 죽음을 생산하는 기업》, 이레, 2009, 420쪽.
다수의 자료에 따르면 아르헨티나의 글리포세이트 계열 제초제 사용량은 1991년 100만 리터, 1996년 1390만 리터, 2005년 1억 5000만 리터, 2008년 2억 리터로 매우 가파른 증가 추세를 보이고 있다.

"나는 유전자 변형 콩 농작 지역에서 살았는데, 대부분의 엄마들이 암을 가지고 있었고, 기형아를 낳거나 아이들이 백혈병을 앓는 일이 많았다. 작은 비행기들이 계속해서 농약을 뿌렸고, 신생아의 약 30퍼센트가 턱뼈 없이, 횡격막 없이, 신장이 덜 형성된 채로 태어났다. 17, 18살의 아이들이 빈혈이나 희귀병으로 죽었고, 300여 명의 암 환자가 등록되었지만 정부는 이러한 문제들을 계속 부인했다."•

안전 장치를 갖추지 않은 구식 비행기로 농약을 뿌리도록 고용된 노동자도 피해를 입는 것은 마찬가지다. 이것은 비단 아르헨티나만의 문제가 아니다. 기업농에 의한 대규모 단작화가 일반화되고 환경 규제가 약한 남미 국가 대부분에서는 농약으로 인한 주민들의 피해가 매우 심각하게 나타나고 있다.

한정된 토지에 비료, 농약, 농자재, 연료 등 많은 자본을 투입하는 자본 집약적인 농업과 GMO 종자가 중소 규모 농가를 파산시키고, 농촌 주민들의 건강을 위협하고, 농토를 척박하게 만들고 있는 것이다.

• 이주영, 해외 리포트 〈"아이들의 발목이 썩어가고 있어요" 농약 비 내리는 아르헨티나의 비극〉, 《오마이뉴스》 2009년 10월 5일, http://www.ohmynews.com/NWS_Web/View/at_pg.aspx?CNTN_CD=A0001228930&CMPT_CD=P0001.

고소당하는 농민

미국의 유전자 수호 경찰과 유전자 특허

미국의 농촌에는 이른바 유전자 수호 경찰이 돌아다닌다. 2005년 한 해에만 약 500여 건 '불법 사용'이 적발되어 농민들은 종자기업들로부터 고소를 당하고 피해 배상금을 물어내야 했다. 일부 농작물의 경우, 수확한 종자를 다시 파종하는 것이 특허법으로 금지되어 있기 때문이다. 자신이 농사지어 거둔 씨앗을 심는 것이 법으로 금지된다는 사실은 쉽게 이해하기 어려운 일이다.

미국의 농민들은 GMO 종자를 살 때 종자회사의 특허권을 침해하지 않겠다는 서약서에 반드시 서명해야 한다. 종자회사에서 파는 종자 포대의 뒷면에는 그 종자회사가 가진 특허 권리와 농민에

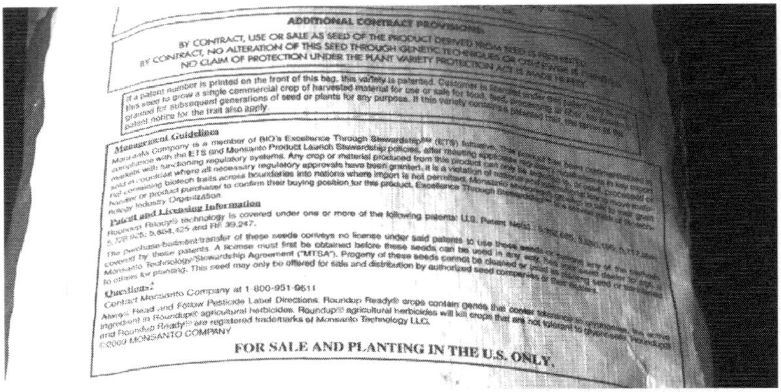

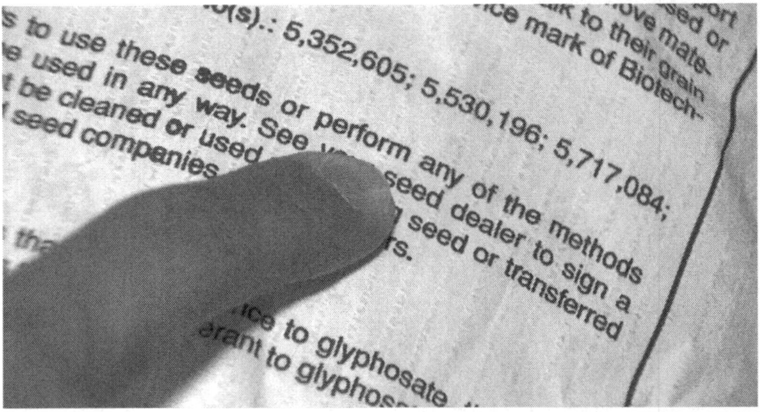

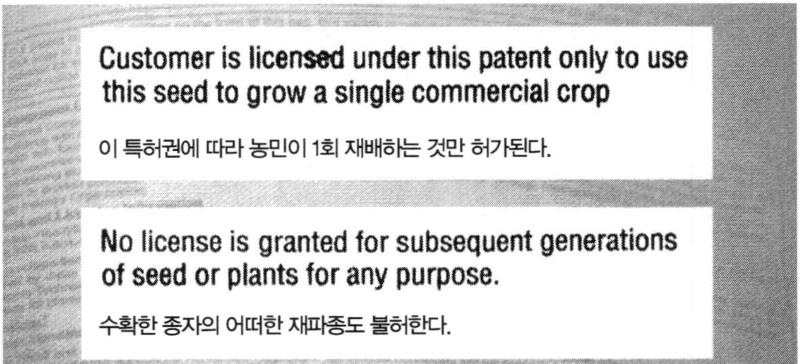
Customer is licensed under this patent only to use this seed to grow a single commercial crop
이 특허권에 따라 농민이 1회 재배하는 것만 허가된다.
No license is granted for subsequent generations of seed or plants for any purpose.
수확한 종자의 어떠한 재파종도 불허한다.

몬산토의 라운드업레디 포대 뒷면에 있는 특허 관련 문구. 나열된 숫자는 미국 특허청에 등록된 라운드업레디의 특허번호들이다.

게 금지된 사항이 자세히 적혀 있다.

종자기업들은 자기네가 판매하는 종자에 대해 여러 가지 특허를 받아놓는다. 특허가 걸려 있는 종자는 농민이 오직 한 번만 파종할 수 있으며, 수확한 종자를 이듬해 다시 심을 수 없다. 재파종하는 것은 특허권 침해에 해당한다. 그러므로 이듬해 다시 농사를 지으려면 농민은 반드시 종자를 새로 구매해야만 한다.

이처럼 특허권을 위반하고 종자를 재파종한 농민을 찾아내는 일을 하는 사람들이 있다. 바로 유전자 수호 경찰인데, 몬산토가 고용한 사설탐정들이다.

미국을 비롯한 여러 나라에서, 종자와 같은 생명체에 대해 특허권을 허용하고 있다. 생명공학과 같은 과학기술로 개량되거나 개조된 종자가 본래 있던 종자와 차별성을 띠는 경우 일반적으로 특허권이 허용된다. 본래 있던 종자들에 비해서 뛰어날 필요도 없다. 단지 차별성만 띠면 특허가 나온다. 종자기업들은 자신들의 종자 개발에 이러한 특허 제도를 적극적으로 활용하고 있다. 해마다 농민들이 종자를 사도록 만들어서 지속적으로 수익을 남기기 위해서다.

세계 최대의 GMO 농산물 생산 대국, 그 이면에는

미국은 세계 최대의 GMO 재배 국가다. 미국에서 재배되는 콩의

커티스 윌리엄스/미국 아이오와 주 농민

"종자 값을 지불하고 내가 키웠으니 종자는 내 것이라고 생각한다. 그러나 수확한 종자를 다시 뿌릴 수가 없다. 나는 그 점이 싫지만 그것이 바로 몬산토의 방식이다."

91퍼센트, 옥수수의 85퍼센트, 면화의 90퍼센트가 GMO 작물이다. 1994년 GMO의 상업적 재배가 허용되면서 미국에서 재배 면적이 빠르게 확대되었다. GMO 작물은 재배하기 편한 데다 고수익을 보장한다는 광고가 역시 매우 큰 효력을 발휘했다.

미국에서 매년 열리는 농업박람회에서 종자기업들은 수확률이 높고 잡초와 질병에 강하다는 종자들을 선보인다. 여기서 선보여지는 종자들은 대부분 유전자조작으로 만들어진 것이다. 이들 종자는 각각 제초제 저항성, 살충성과 같은 특성이 있다. 잡초로 피해를 많이 입는 콩의 경우, 특정 제초제에 대한 저항성을 띠도록 유전자가 조작된다. 라운드업 제초제에 저항성을 띠는 라운드업 레디 콩이 그 예이다. 곧 특정 제초제를 뿌리면 재배 작물인 콩은 살아남지만 주위에 있는 그 밖의 풀은 모두 죽게 되는 것이다. 사

2010년 8월 열린 미국 아이오와 농업박람회Farm Process Show

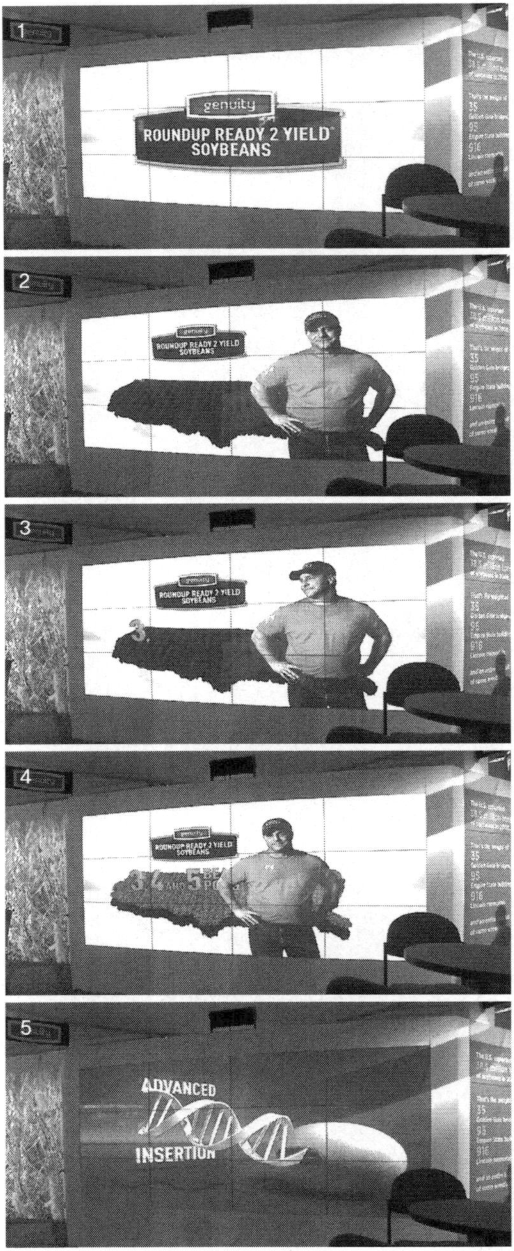

기존의 라운드업레디보다 향상되었다는 라운드업레디 신제품 광고(2010년 미국 아이오와 농업박람회)

농업박람회에서 신제품을 설명하는 몬산토 CTO(기술 총괄 책임자) 로브 프렐리. 라운드업레디의 신제품인 라운드업레디2 일드Yield를 선보이고 있다. "이것은 대두 재배 농가에 더 많은 수확량을 보장하고, 농민은 잡초를 손쉽게 제거할 수 있다."

실상 제초제에 맞춰 종자가 설계된다. 대표적으로 몬산토가 그렇듯이, 제초제를 만드는 농화학기업은 여러 종자회사를 소유하고 있기 때문이다.

잡초를 일거에 없애주면서도 재배 작물에는 피해를 입히지 않는다는 특정 제초제와 그 제초제에 맞춰 설계된 종자. 생명공학의 신기술이 농민의 미래를 보장하는 듯 보였다. 하지만 종자기업의 약속은 점차 거짓말로 드러나고 있다. 높은 수익은 사실상 신기루에 불과했다.

먼저 농약 사용량이 줄어들 것이라는 약속이 거짓말로 드러났다. 제초제에 저항성을 띠는 슈퍼 잡초가 나타났기 때문이다. 대개 제초제 저항성 콩은 제초제와 함께 묶여서 판매된다. 만약 몬산토의 종자를 심고서 신젠타Syngenta의 제초제를 뿌릴 경우 잡초뿐만 아니라 콩도 함께 죽는다. 그래서 농민은 GMO 종자와 이 종자에 짝지어진 제초제를 계속 함께 쓰게 된다. 문제는 한 회사의 종자와 그에 맞는 특정 제초제를 오랫동안 함께 쓰다 보면 주변 식물들이 그 제초제에 내성을 띠게 된다는 것이다.

수확량이 늘어나서 수익을 늘려줄 것이라는 말도 사실이 아니었다. 수확량은 늘어났지만 가격이 하락했기 때문이다. 사람들이 GMO 농산물 기피하는 것도 한몫했다. 반면 종자의 가격은 계속 올랐다. 농민들은 종자에 특성이 하나 추가될 때마다 비용도 추가로 더 지불해야 했다. 종자가 더욱 많은 종류의 병충해에 저항성을 띨수록 가격은 높게 마련이다.

GMO 종자만을 사야 하는 미국 농민

종자 시장을 장악한 농기업들은 수확된 곡물의 유통과 가공 과정도 지배하고 있다. 세계 최대의 종자·제초제 생산 업체인 몬산토, 신젠타 AG, 듀폰DuPont은 각각 세계 최대의 곡물 운송·유통·가공 업체인 카길Cargill, ADM 그리고 식품가공업체인 콘아그라ConAgra Foods, Inc.와 전략적 제휴 관계를 맺고 있다. 종자기업과 곡물기업이

몬산토 ↔ 카길

신젠타 ↔ ADM

듀폰 ↔ 콘아그라

서로 연계를 강화하여 시장 지배력을 행사하는 것이다.

농민이 수확한 곡물을 사들여 유통하는 곡물기업들은 농민에게 특정 종자를 재배할 것을 강요한다. 이들 기업이 원하는 종자를 재배하지 않으면 계약은 무효가 되어 농민은 수확물을 판매할 곳을 잃는다.

그런데 농민들은 GMO 농산물을 재배하고 싶지 않아도 이제는 대안을 찾기 어렵다. 또 인근의 종자 판매상에서도 GMO 아닌 종자를 구하기 어려운 것은 물론이거니와 어렵게 구해 재배하더라도 GMO가 아닌 농산물(Non-GMO 농산물)은 곡물기업의 유통망을 이용할 수 없어 팔 곳이 없어진다. 이처럼 기업이 원하는 몇몇 종자만이 재배되는 미국에서는 종의 단순화 문제가 점점 더 심각해지고 있다.

더글러스 디 오닉/미국 아이오와 주 농민

"여러 품종을 섞어서 키울 수가 없다. 매우 조심해야 한다. 우리 밭은 95퍼센트 이상 단일 품종이다. 곡물 수집업자가 밭에 들어가 채취한 샘플에 요오드 용액을 뿌려 보라색으로 변하면 통과다. 만약 변하지 않으면 안 가져간다. 그러면 여기 있는 옥수수들은 그야말로 죽은 것이 된다."

팻 무니/Pat Mooney, 캐나다 기술 공학자, 부패·기술·집중을 감시하는 행동집단Action Group on Erosion, Technology and Concentration(ETC Group) 대표

"종자 산업이 소수 기업에 집중되면 기업이 판매하고 싶어하는 종자들만 생산된다. 그들은 다양한 종자를 생산하길 원하지 않는다. 그럴 필요도 없다. 그들은 광대한 면적에서 재배할 수 있는 소수 품종만 판매하고자 한다."

종자를 잃어버린 나라

식량 위기를 부른 종의 단순화

유전자 침식genetic erosion이란 토양 침식에 빗대어 유전자원이 사라져가는 현상을 이르는 말이다. 2009년 농촌진흥청에서는 우리나라에서 재배되는 재래종 작물의 수가 어떻게 변화했는지 관찰해 〈식량농업 식물유전자원 국가보고서〉를 발표했다. 우리나라에서 식물 유전자원이 사라져가는 유전자 침식을 조사해보니 고추, 수수, 기장 등은 더 이상 재래종이 재배되지 않았고, 조사한 작물 중 평균 26퍼센트만이 재래종인 것으로 나타났다. 우리나라에서 짧게는 수백 년, 길게는 수천 년 동안 재배돼온 종자의 74퍼센트를 잃어버린 셈이다.

이렇게 재래종 재배가 줄어드는 현상은 재배 품종의 단순화에서 비롯된다. 농민들은 상업적으로 잘 팔리는 작물을 집중 재배하게 되고 그렇지 않은 종자들에 대해서는 관심이 줄어들게 마련이다. 여기에는 정부의 보급종 역시 큰 역할을 했다. 정부가 상업적으로 개발한 보급종은 농민들에게 도움이 되는 측면도 있지만, 다른 한편 한정된 품종만 재배되는 식으로 재배 품종이 단순화되는 부작용도 있는 것이다.

이러한 종의 단순화는 커다란 재앙을 불러올 수 있다. 가장 많이 알려진 사례가 바로 19세기 아일랜드의 감자 기근이다. 본래 아일랜드에서는 감자가 재배되지 않았으나 산업혁명 시기 도입되어, 노동자 빈민층의 주식으로서 감자 재배가 빠르게 확산되었다. 결국 감자는 아일랜드 주민 대부분의 주식이 되었다. 그런데 1845년 잎마름병이 유행하여 아일랜드 전국의 감자밭은 초토화되었다. 재배되던 감자가 거의 한 가지 품종이었기 때문에 잎마름병이 거침없이 퍼져나간 것이다. 이후 몇 년간 감자 수확량이 절대적으로 부족한 상태가 이어지면서, 결국 100만여 명이 굶어 죽고 약 300만 명이 미국으로 이민을 떠나야 했다.

비록 아일랜드만큼은 아니지만 우리나라에서도 종의 단순화로 인한 피해를 입은 적이 있다. 우선 들 수 있는 것이 '통일벼'다. 1970년대 정부는 비료와 농약의 사용 효율을 높여서 수확량을 크게 늘리려는 목적으로 통일벼를 개발해 강제적으로 보급했다. 쌀을 자급한다는 국가 목표를 달성하기 위해서 본래 여러 품종이 재배되던 벼농사를 통일벼로 단순화시킨 것이다.

하지만 통일벼는 도열병과 줄무늬잎마름병에는 강했지만 결정적으로 냉해에 취약했다. 1978년 냉해를 입어 수확량이 급감한 데 이어, 1980년 또다시 냉해로 대흉년이 들었다. 수확량이 30퍼센트 이상 줄어들자 정부는 급하게 쌀 수입을 추진했으나 쉽지 않았다. 흉년으로 한국의 쌀이 부족하다는 사실이 알려지자 국제 시장의 쌀 가격이 급등했기 때문이다. 결국 세 배 가까운 가격에, 이듬해 쌀을 추가로 수입하겠다는 조건을 달고서야 급한 불을 끌 수 있었다. 종의 단순화가 식량 위기로 이어진 것이다.

콩도 문제가 생겼던 적이 있다. 1969년 우리나라 최초로 작물시험장에서 인공 교배를 통해 '광교'라는 콩 종자가 개발되었다. 파주시 장단면 지역의 토종 콩인 '장단백목'과 일본에서 도입한 육우3호 품종을 교배해 개발되었다. 이 품종은 수확에 큰 지장을 주는 모자이크 바이러스에 강했기 때문에 수확량을 30퍼센트 이상 늘려주었다. 광교는 수많은 토종 콩 종자를 밀어내며 전국으로 확산되었다.

그런데 보급된 지 3년 후 광교가 괴멸하는 사태가 벌어졌다. 그동안 잠복해 있던 괴저 바이러스가 창궐했기 때문이다. 광교는 모자이크 바이러스에는 강했지만 괴저 바이러스에는 약했고, 반면 토종 콩 종자들은 괴저 바이러스에 대한 저항성이 강했다. 그런데

국립식량과학원 콩 시험 재배장에 있는 광교

전국의 콩이 광교 한 품종으로 단순해지자 괴저 바이러스가 저항 없이 확산되고 말았다.

광교가 괴멸하자 전국에서 심각한 콩 부족 사태가 일어났다. 만약 여러 품종이 섞여 재배되었다면 특정 바이러스가 창궐하더라도 그 바이러스에 강한 종은 살아남았을 것이다. 그랬다면 설령 그 바이러스에 약한 종이 전멸하더라도 콩 기근 사태는 생기지 않았을 것이다.

황영현/경북대 농과대학 교수

"박테리아 병이 생겨서 새로운 항생제를 개발해 그 박테리아를 죽이면, 지금 있는 것보다 훨씬 더 강력한, 약에 대한 저항성을 갖는 박테리아가 생길 수밖에 없는 게 자연의 이치라고 봅니다. 당시의 광고도 그래 보시면 쉽게 이해가 되지 싶습니다."

팻 무니/ETC 그룹 대표

"다가올 수십 년의 식량난을 견디기 위해서도 식물종 다양성이 필요하다. 그러나 다국적 기업이 통제하는 식량 공급 시스템은 우리를 극도로 위험한 상황으로 몰아가고 있다. 2050년, 아니 심지어 2020년까지도 견디지 못할 수 있다."

수많은 토종 종자를 잃어버리는 사이, 한국의 종자 시장은 초국적 종자기업들에게 장악되었다. IMF 외환위기 이후 국내 종자회사들이 해외 초국적 농기업에 매각되기 시작했다. 흥농종묘와 중앙종묘는 세미니스Seminis(현재 몬산토에 합병)에, 서울종묘는 노바티스Novartis(현 신젠타), 청원종묘는 사카타Sakata Seeds에 인수되었다. 종자회사의 해외 매각은 이들 기업들이 보유한 종자가 초국적 기업에 넘어가는 것을 뜻했다. 규모가 1300억~1500억 원에 이르는 국내 채소 종자 시장의 50퍼센트 이상을 이들 초국적 기업이 장악하게 되었다.

그 결과 소비자들에게 친숙한 여러 품종이 초국적 기업의 소유가 되어버렸다. 현재 청양고추 종자는 몬산토의 소유로 등록되어 있다. 우리나라에서 개발되고 재배되던 청양고추 종자는 이제 중국의 산둥성에서 채종되어 국내 농민들에게 팔린다.

몬산토를 비롯한 초국적 종자기업들의 소유로 전락한 우리 종자들이 국내 종자 시장을 장악하고, 소비자들의 밥상에 오르고 있다. 2012년 국내 기업인 동부팜한농이 몬산토코리아가 갖고 있던 삼복꿀수박, 불암배추, 관동무 등 채소 종자 300여 품종에 대한 특허권을 인수했지만, 채소 시장에서 가장 많은 비중을 차지하는 고추, 토마토, 파프리카, 시금치 등은 여전히 몬산토의 권리로 남

국내 채소종자 시장 점유율

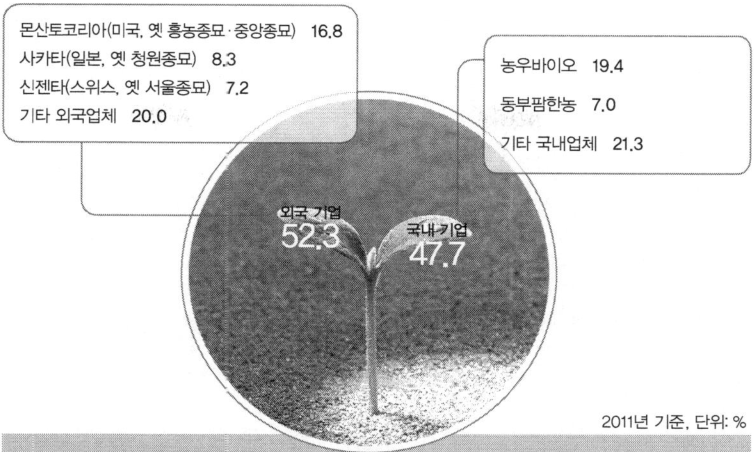

몬산토코리아 보유 주요 종자	무 : 관동여름·신(新)청일품·청운플러스	수박 : 삼복꿀·당당한·에이스꿀
	양파 : 삼일황·체어맨·마이볼	배추 : 불암플러스·불암3호·동풍
	박 : 무병장수·금홍토자·마라톤	당근 : 조은·하루방여름·노다지
	오이 : 조은백다다기·장백침다다기·백침다다기	멜론 : 얼스타이탄·자이언트·뷰티

자료 출처 : 동부팜한농, 《매경이코노미》 제1676호(2012. 9. 26~10. 9)에서 재인용.

아 있는 것으로 알려졌다.•

이렇게 외국 기업에 넘어간 종자의 작물을 생산해서 판매할 때는 해당 기업에 특허사용료인 로열티를 내야 한다. 국제식물신품종보호동맹International Convention for the Protection of New Varieties of Plants, 일명 UPOV 조약••이 2012년부터 전 작물로 확대 적용되기 때문이다.

• 이혜민, 〈'종자주권 만세' 외칠 수 있나〉, 《주간 동아》 제859호(2012년 10월 22일).

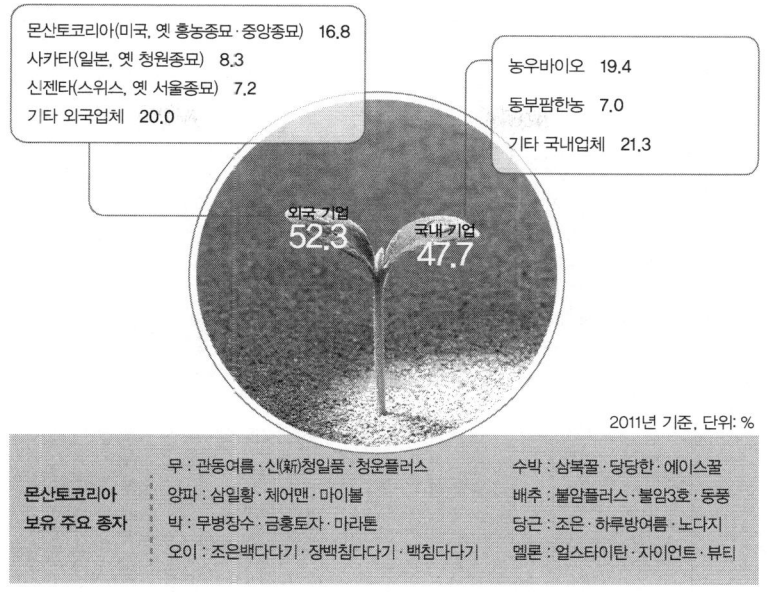

UPOV는 식물 신품종을 개발하거나 개량한 개발자의 권리를 보호하기 위한 국제 협약이다. 우리나라는 2002년 UPOV에 가입했고, 적용 유예 기간 10년이 끝나는 2012년부터 그동안 부담하지 않았던 딸기, 감귤, 나무딸기, 블루베리, 양앵두, 해조류(김, 미역, 다시마 등) 등 6개 품목에 대한 특허사용료를 지급해야 한다.

국내 농민들이 외국 기업에 지불하는 특허사용료 비용은 2005년 183억여 원, 2010년 218억여 원에 달했다. 그런데 2012년부터 이후 10년간 특허사용료 지급액은 7970억 원에 달할 것으로 예상된다. 새롭게 특허사용료를 지급해야 하는 6개 품목의 외국산 종자 의존도가 매우 높기 때문이다.

딸기의 경우 국내산 종자 사용 비중을 높이기 위한 노력이 꽤 성공을 거두어 2005년에 채 10퍼센트도 되지 않았던 국내산 종자 사용 비율이 최근 61퍼센트대로 높아졌다. 하지만 포도(98퍼센트), 표고버섯(60퍼센트), 장미(82퍼센트), 카네이션(99.8퍼센트) 등 인기 작물의 종자는 여전히 외국산의 비율이 절대적으로 높은 실정이다.

발등에 불이 떨어지자 농림식품부는 2012년부터 10년 동안 총

●● 1961년 12월 2일 파리에서 채택되고, 1972년 11월 10일과 1978년 10월 23일에 제네바에서 개정된 이 조약에 기초해서 결성된 국제식물신품종보호동맹The International Union for the Protection of New Varieties of Plants(UPOV)의 약칭을 따서 UPOV 조약이라고도 한다.

국내 농가의 종자 로열티 지급 현황
단위: 원

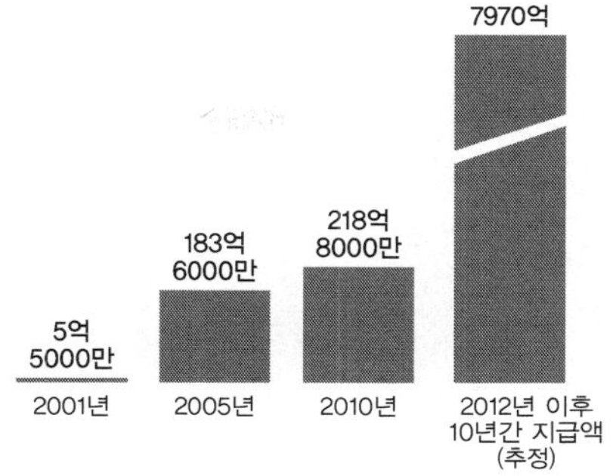

주요 작물의 종자 자급률 현황
단위: %

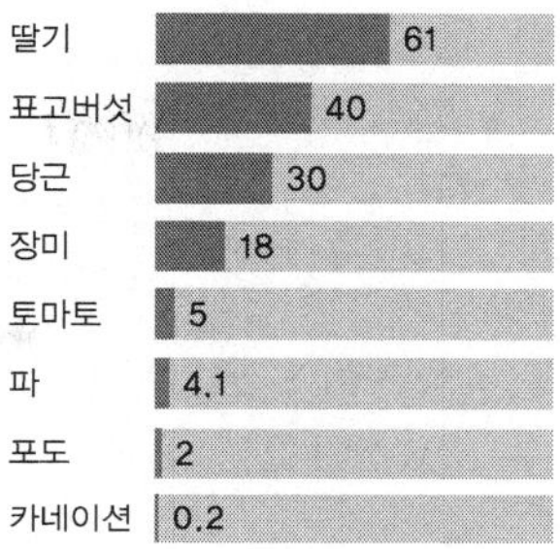

자료 출처 : 농촌진흥청 · 농림수산식품부, 《동아일보》 2011년 10월 15일(인터넷)에서 재인용.

8149억 원을 투자하여 2020년까지 종자에 관한 역량을 강화하고 2억 달러 수출을 달성하겠다는 '골든시드Golden Seed 프로젝트'를 추진하기 시작했다. 종자산업 육성을 통해 종자 강국으로 거듭나겠다는 계획이다. 하지만 그 실효성은 의심스럽다. 10년간 투입되는 8149억 원이라는 예산은 실제 초국적 종자기업 몬산토의 1년 치 연구비보다 적은 금액이기 때문이다.

게다가 이 프로젝트의 계획은 토종 종자를 보존, 복원하는 일은 도외시하고 주로 GMO 관련 기술을 지원하는 데 집중되어 있다. 골든시드 프로젝트 추진 자체가 GMO의 국내 상업 재배를 추진하기 위한 대국민 홍보 구실을 하고 있다. 국내 종자기업들 역시 GMO를 상업적으로 재배할 것을 주장하면서 많은 돈을 투자하

농촌진흥청에서 발간한 '종자 강국' 홍보 책자

고 있다. 하지만 인도, 미국, 아르헨티나의 예에서 보았듯이 과연 GMO가 우리 종자의 대안이 될 수 있을지는 매우 의심스럽다. 누구를 위한 종자 강국인지 다시 한 번 생각해봐야 할 대목이다.

2

비극의 배경

농업의 산업화, 그리고 녹색혁명

종자는 인류의 위대한 유산

모든 씨앗은 그 씨앗이 나고 자란 지역의 문화와 역사를 간직하고 있다. 종자는 우리가 먹는 것이 어디서 오는지를 알려주는 실마리이자 근원이다. 농민들은 환경과 상호작용하면서 야생종을 길들여 씨앗을 뿌리고 다시 거두어 다음 세대를 이어갈 수 있는 지혜를 터득해왔으며, 각 지역의 토착 지식은 종자라는 자원과 더불어 먹거리 생산의 역사를 통해 대대로 전해지는 것이었다. 예로부터 씨앗과 먹거리의 관계를 상징하는 '콩 세 알' 이야기가 있다. 콩을 심을 때 세 알씩 심는데, 한 알은 벌레나 새가 먹고, 한 알은 이웃이 먹고, 한 알은 땀 흘린 농부가 먹기 위해서란다. 곧 씨앗을 심는 행위는 생명, 나눔, 순환의 의미를 담고 있었다.

그런데 이제는 시장에서 종자를 팔고 사는 것이 당연하게 받아들여진다. 씨앗은 성명을 담은 존재가 아닌 작물을 수확하여 소득을 올리기 위한 원료로 여겨진다. 여기에는 종자를 사고판다는 본질적인 문제가 숨어 있다.

씨앗을 좀처럼 상품화할 수 없었던 이유는 씨앗 자체가 이미 자연의 일부라는 생각이 전통적이었고 지배적이었기 때문이다. 과학기술이 매우 발달한 현대에 이르러서도 종자에서 일어나는 복잡한 변이와 유전자의 이동, 염색체의 재조합 및 교차 과정에 대해 일부만이 밝혀졌다. 종자는 자연 상태에서 다양한 변이를 통해서 기후의 변화와 토질, 병해충 같은 조건과 어울려 살아남거나 진화해왔다.

다른 한편으로 종자는 자체로 재생산이 가능하기 때문에 오랜 세월 동안 사고파는 영역과는 상관이 없었다. 수확한 열매의 일부가 바로 종자가 되기 때문이다. 만약 생명공학과 종자기업이 개입하지 않았다면 여전히 농민들은 자유롭게 씨앗을 뿌리고 거둘 수 있는 권리를 누리고 있을 것이다.

그러나 현대 산업농업이라는 것은 농민들이 씨앗을 이웃과 나누거나 이듬해 농사를 위해 간직할 수 있는 권리를 허용하지 않는다. 씨앗을 공급하는 주체는 농민에서 종자기업으로 바뀌었다. 종자기업들은 곳곳의 생물자원을 입수하여, 끊임없는 개량을 시도하며 특정 성질을 가진 작물끼리 교배해 우수한 성질의 종을 찾아냈다. 이렇게 종자는 자연의 영역에서 인간의 영역으로 들어와 상품으로 만들어지기 시작했다.

종자기업들은 개량 종자들을 대량으로 생산해낼 수 있는 기술을 앞세워 농민들에게 종자를 팔기 시작했고, 이렇게 축적된 자본의 힘으로 종자와 관련된 생명공학 기술을 적극적으로 개발할 수 있었다. 이 과정에서 녹색혁명이 일어났다.

녹색혁명과 종자

식생활의 혁명적인 변화를 낳은 녹색혁명

길을 거닐다 보면 갖가지 음식 냄새를 맡는다. 다양한 튀김과 어묵, 떡볶이를 파는 포장마차부터 빵집, 식당 앞을 지날 때면 매혹적인 냄새를 이기지 못해 지갑을 여는 경우가 빈번하다. 그리고 텔레비전을 틀면 여러 프로그램에서 다양한 음식을 다룬다. 맛있는 음식을 먹으러 찾아다니는 동호회도 있다. 우리의 어머니와 아버지, 할머니와 할아버지 세대의 기억이나 역사책에나 남아 있는 보릿고개는 이제 우리 생활에서 찾기 어렵다. 눈만 돌려 봐도 주위에 먹거리가 넘쳐나기 때문이다.

어느덧 충분해진 먹거리는 또한 다양해졌다. 우리가 먹던 본래의 음식은 한식 혹은 전통 음식이 되었으며, 전 세계 곳곳의 다양한 음식들이 우리 식탁에 오르게 되었다. '퓨전 음식'이라는 새로운 음식 문화가 형성되기도 한다. 그리고 예전에는 제철에만 먹을 수 있던 먹거리들도 사계절 내내 구할 수 있다. 과일과 채소가 제철과 상관없이 재배되고 사철 어느 때라도 시장에 나오는 시대가 되었다. 이렇게 상황이 변한 데에는 녹색혁명이 가장 큰 몫을 담당했다.

녹색혁명이라는 말이 생소한 독자도 있을 것이다. 하지만 우리 어머니와 아버지, 할머니와 할아버지 세대에 녹색혁명은 매우 가까우면서도 중요한 문제였다. 이제는 나이 든 어른들의 기억 속에만 남아 있는 보릿고개를 없앤 주인공이 바로 녹색혁명이기 때문이다. 지금도 돈이 없어 굶주리는 사람들이 곳곳에 있지만, 옛날처럼 보릿고개를 들먹이지는 않는다. 보릿고개란 겨우내 저장해 두었던 곡식이 떨어지고 아직 들녘에 심은 보리는 채 익지 않아 먹거리가 절대적으로 부족한 시기를 말한다. 춘궁기라고도 하는 보릿고개에 사람들은 부족한 먹거리를 찾아 산과 들로 다니며 나물을 캐고, 심지어 나무껍질을 벗겨 먹기도 했다. 이때가 되면 언제나 굶어 죽는 사람들이 나왔기에 보릿고개는 늘 나라의 근심거리였다.

이러한 근심을 해결하기 위해 녹색혁명이 일어났다. 녹색혁명이란 부족한 식량을 더 많이 생산하기 위해서 수확량이 많은 품종을 도입하고, 비료와 농약을 써서 생산량을 크게 높이는 사업을 뜻한다. 통일벼 보급과 경지 정리, 농기계 보급을 통한 녹색혁명은 부족한 먹거리를 해결하는 구세주가 되었다. 이제 보릿고개라는 단어는 역사 교과서에서나 볼 수 있는 현상이 된 것이다.

녹색혁명은 우리나라뿐만 아니라 전 세계 곳곳에서 일어났다. 녹색혁명은 당장 부족한 식량 문제를 해결할 유일한 대안인 것처럼 보였다. 그런데 이상한 현상이 나타났다. 우리나라는 주식인 쌀을 자급할 수 있게 되었지만 식량의 약 75퍼센트를 수입에 의존하는 나라가 되었다.• 식량 자급률이 오히려 낮아진 것이다.

이 현상은 농업의 산업화와 밀접한 관련이 있다. 농업을 공업과 같이 체계적이고 효율적인 생산 시스템으로 만드는 것을 '농업의 산업화'라고 일컫는다. 농업의 산업화에 따르는 문제점은 농산물

• 2011년 한국의 곡물 자급률은 22.6퍼센트였다. 곡물 자급률은 식량 자급률을 대표하는 지표다. 보조적 지표로 식용 곡물 자급률과 칼로리 자급률이 있다. 식용 곡물 자급률은 사료용 소비를 제외하고 사람이 직접 식용하는 곡물의 소비와 생산만 계산한 것인데, 사료용 곡물은 가축이 먹지만 결국 그 가축을 사람이 식용하기 때문에 식용 곡물 자급률은 식량 자급률을 표시하기에 불충분한 지표다. 칼로리 자급률은 육류와 과일·채소류 등 농산물 일반을 모두 포괄하기 위해 고안된 계산법으로, 국내 열량 총 소비량을 분모로 하고 국내에서 생산하여 공급하는 열량 공급량을 분자로 하여 계산한다. 이 방법 역시 국내산 축산물이 공급하는 에너지 열량의 원천이 수입산 곡물에 있는 경우 자급률을 정확하게 표시하지 못하는 한계가 있다. 2011년 기준 한국의 식용 곡물 자급률은 약 44.5퍼센트, 칼로리 자급률은 약 40.2퍼센트다. 장경호, 〈정부가 말하는 식량자급률 44.5%의 '꼼수'〉, 《민중의 소리》 2013년 6월 5일(http://www.vop.co.kr/A00000641319.html) 참조.

이 먹거리의 고유한 역할을 포기하고 돈을 벌기 위한 수단으로 전락하는 것이다. 산업화된 농업에서 농산물은 상품일 뿐이기 때문에, 국내 생산 비용이 높거나 수요가 적어 수익을 낼 수 없는 작물은 생산을 포기하거나 외국에서 수입해버리고, 빨리 재배해서 바로 팔 수 있는 품목과 품종에 생산이 집중된다. 녹색혁명은 농업의 산업화에 박차를 가했다. 종자는 산업화한 농업에서 제품 생산을 위한 원료에 불과하다.

하늘·땅·사람이 아니라 기계와 기술이 짓는 농사

녹색혁명의 관건은 농업의 산업화, 곧 체계적이면서 효율적인 생산 방식을 도입하는 것이다. 체계적이라는 것은 정확한 예측이 가능해야 한다는 의미이기도 하다. 또 효율적이라는 것은 최소한의 노동력을 투입해 최대한으로 생산량을 늘리는 것을 말한다. 본래 농업은 공업과 같이 체계적이고 효율적이지 못하다. 농사를 짓는 데에는 고려해야 할 요소가 무척이나 많기 때문이다.

우선은 농사짓기에 적합한 땅이 필요하다. 땅이 비옥해야 농작물이 잘 자랄 수 있다. 땅이 척박하면 비옥한 땅보다 높은 수확량을 기대할 수 없는 것이 당연하다. 비옥함과 더불어 심으려고 하는 농작물에 적합한 토질이 필요하다. 논에 적합한 땅이 있고 밭에 적합한 땅이 있으며, 사과를 심기 좋은 땅이 있고 콩을 심기 좋은 땅이 있다. 이러한 판단은 산간 지역이냐 들판이냐에 따라 달라지기도 한다. 필요하다고 무조건 심을 수는 없다. 예를 들어 제주도에는 논이 거의 없다. 토질이 논을 만들기 적합하지 않기 때문이다. 대신에 제주도에서는 논벼가 아닌 밭벼를 심는다. 땅에 따라 종자도 다르게 쓰이는 것이다.

다음으로 작물을 재배하기에 적합한 기후가 필요하다. 우리나라만 놓고 보더라도 남쪽 제주도에서 북쪽 강원도에 이르기까지 각기 재배되는 작물이 다르다. 감귤나무를 강원도에 심고서 수확을 기대하기란 어렵다. 겨울이 되면 낮은 기온을 견디기 어렵기 때문에 강원도에는 과일나무가 별로 없다. 날씨 역시 중요한 몫을 한다. 파종을 해야 할 봄에 비가 내리지 않는다면 작물을 심기 어렵다. 수확을 앞두고 나타나는 태풍은 오랜 노력의 결실을 빼앗아 가기 일쑤다. 그만큼 날씨는 농사에 결정적인 역할을 할 때가 많다.

마지막으로 사람의 힘, 곧 노동력이 필요하다. 신석기 시대부터 인류는 스스로의 힘으로 (때로 소나 쟁기 같은 도구의 도움을 받으며) 농사를 지어왔다. 씨앗을 뿌린다고만 해서 저절로 작물이 자라 풍족한 가을을 맞이하게 되지는 않는다. 특히 농업은 공업에 비해서 많은 노동력을 필요로 한다. 흔히 논에 심긴 벼는 주인의 발걸음 소리를 들으며 자란다고 한다. 그만큼 농작물은 많은 관심과 일손을 필요로 하며, 또 그렇게 했을 때에만 수확이 커진다는 의미다.

그래서 예로부터 농사는 땅과 하늘, 그리고 사람이 짓는 것이라고 했다. 하지만 녹색혁명과 산업화는 기계와 기술이 농사를 다 할 수 있도록 만들었다. 체계적이고 효율적인 농업이란 바로 땅과 하늘의 힘을 인간의 기술로 모두 해결하는 과정이나 다름없다. 본래 땅이 가진 힘은 비료와 농약으로 대신하게 되었다. 물이 부족하면 댐을 건설하고 대규모 관개 시설을 지어서 물을 끌어왔다. 기후에 적응할 수 있는 품종도 개발했다. 가뭄에 저항성이 있는 GMO 종자도 개발되고 있다. 그리고 온실이나 비닐하우스를 지어 농사에 적합한 기후를 인공적으로 만들었다. 인간의 노동력은 농기계로 채워졌다.

종자도 기계화 농법에 적합한 것이 선택된다. 예를 들어 옥수수 같은 곡물을 농기계로 수확하려면 줄기가 땅에 누워서는 안 되며, 열매가 적정한 높이에 열리는 것이 중요하다. 열매가 열리는 위치가 제각각이거나 줄기가 누워버리면 기계가 일률적으로 수확하기 어렵기 때문이다. 따라서 줄기가 땅으로 늘어지지 않고 열매가 적정한 높이에 열리는 품종이 선호된다. 과일이나 채소도 기계로 다룰 수 있는 단단한 품종이 선호된다. 다소 수확량이 적더라도, 혹은 맛이 떨어지더라도 기계화에 적합한 종자가 인기를 얻는 것이다.

그리고 이제는 모든 것이 통제 가능한 식물 공장이 개발되고 있다. 따사로운 햇볕은 LED 등으로 바뀌고, 흙은 배양액으로 대체된다. 농지는 생명을 키우는 터전이 아니라 제품을 찍어내는 공장

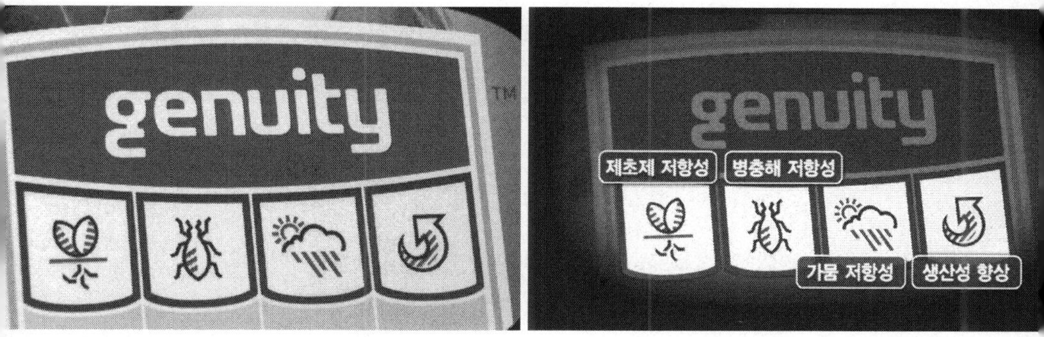

기능성 GMO 표시

이 되고 있다. 녹색혁명은 농지를 공장으로 만들었으며, 그 결과 산업화된 농업이라는 거대한 공장 지대가 만들어진 것이다.

녹색혁명이 부른 단작

농작물은 종류에 따라 재배되는 시기, 방법 등이 매우 다르다. 심지어 같은 벼라고 해도 품종에 따라서 재배 시기와 방법이 다르다. 작물에 따라 파종 시기, 물을 주어야 하는 시기, 거름을 주어야 하는 시기, 수확하는 시기 등이 제각각이다. 서로 다른 여러 가지 작물을 함께 재배하려면 작물별로 각기 다르게 관리되어야 하고, 그만큼 농부의 손길이 많이 필요하다. 필요한 농자재도 작물에 따라 다르다. 여러 가지 작물을 재배할수록 각기 다른 농약, 비료, 기계 등 여러 가지 농자재가 필요하다. 그래서 여러 종류의 작물을 재배하기보다 잘 팔리는 몇몇 작물을 집중해서 재배하는 것이 더욱 효율적인 방식으로 널리 선택되었다.

그리고 생산량을 늘리려면 경작 규모를 늘릴 필요가 있다. 식물은 자기만의 공간이 필요하기 때문에 너무 빽빽하게 심어놓은 작물들은 잘 자라지 못해 수확량이 떨어지게 된다. 따라서 일정한 면적의 농지에 심을 수 있는 작물의 양은 한정되어 있다. 공장에서 생산량을 늘리기 위해 기계의 수를 늘리고 공장의 규모를 키우는 것처럼 농지 면적을 늘릴 필요가 있다. 하지만 농업은 공장보다 더 넓은 토지를 필요로 하기 때문에 상대적으로 필요한 농지의 규모가 매우 커진다. 그리고 규모를 늘릴수록 여러 가지 작물을 재배하는 것이 더욱 어려워진다. 넓은 농지를 일일이 다니며 각기 다른 작물을 손보려면 아주 많은 인력이 필요하기 때문이다.

한 가지 작물을 집중적으로 재배하는 것을 단작화monoculture라고 한다. 경작 규모를 늘리다 보면 자연스럽게 한 가지 품종의 작물에 집중하게 된다. 종자 역시 대규모 단작화에 어울리는 종자가 인기를 얻게 된다. 대량 재배와 대량생산이 가능한 작물이 주로 집중적으로 재배된다. 또한 상대적으로 노동력이 많이 필요한 작물은 재배가 줄어든다. 종자, 농약과 비료, 농기계와 같은 자재 역시 단작화된 작물을 중심으로 개발되고 판매된다. 많이 재배되는 작물일수록 그에 따른 농자재 시장 역시 커지기 때문이다.

예를 들어 미국에서 옥수수와 콩의 재배는 단작화 정도가 매우 심하다. 미국은 콩과 옥수수 생산량이 세계 1위다. 옥수수와 콩을 재배하는 데 필요한 기술이나 기계 역시 상당히 발달해 있기 때문에 다른 작물에 비해 상대적으로 대규모 재배가 용이하다. 한 항공사의 텔레비전 광고에 등장하는 광활한 옥수수 밭은 이렇게 만들어진 것이다.

대규모 단작화는 대규모 단작화를 더욱 부추기게 된다. 일정한 지역 안에서 소수 작물만 집중 재배하면 자연스럽게 재배 작물을 중심으로 농업이 발달하게 된다. 지역 특산물처럼 외부에 알려지면 자연스럽게 판매처도 늘어나고, 해당 작물을 재배하는 데 필요한 기술도 접하기 쉬워지는 등의 효과가 나타난다. 지역 내에서 많이 재배되는 작물이 이른바 기술, 판로 등에서 투자 위험도가 낮다는 장점은, 농민들이 어떤 작물을 재배할지 고민할 때 결정을 판가름하는 중요한 고려 사항이 된다.

단작화가 확대될수록 다른 작물을 재배하는 것은 더욱 어려워진다. 미국과 같이 대규모 단작화가 심각하게 진행된 곳에서는, 예를 들어 콩과 옥수수 외에는 재배가 불가능한 지역이 상당히 많다. 토질이나 기후 때문이 아니라 콩과 옥수수 외의 작물을 재배하는 데 필요한 종자, 비료, 농약, 농기구나 기계를 구하기가 어렵기 때문이다. 더욱 큰 문제는 콩과 옥수수 외에는 수확물을 내다 팔 만한 곳이 인근 수백 킬로미터 안에 없는 지역도 허다하다는 것이다.

북아메리카 대평원은 남북 길이 약 2000킬로미터, 동서 길이 1000킬로미터에 이르는 세계 최대 규모의 곡창지대다. 이곳의 콩 생산량은 연간 6800만 톤, 옥수수 생산량은 2억 6400만 톤으로 전 세계에서 소비되는 콩과 옥수수의 절반이 이곳에서 생산된다.

예를 들어 북아메리카 대평원은 굉장히 넓기 때문에, 농민이 수확한 콩이나 옥수수를 판매하려면 우선 가장 가까운 철도역이나 곡물 집결지로 운반해야 한다. 작물은 대평원을 세로로 관통하는 미시시피 강을 따라 늘어서 있는 작은 항구 중 한 곳으로 운송되고, 다시 배에 실려 하류의 뉴올리언스 같은 큰 항구에 이른다. 그 사이 자국 내에서 소비되기도 하지만 대부분은 외국으로 수출된다. 트럭에서 기차로 곡물을 옮길 때, 기차에서 배로 옮길 때, 그리고 미시시피에서 대서양으로 나가느라 배를 갈아 탈 때 곡물 엘리베이터가 사용된다. 곡물 엘리베이터는 농민 협동조합이 소유한 경우도 있지만, 대부분 카길과 같은 곡물 유통·가공 기업이 소유한다. 카길은 많은 지역에서 곡물 엘리베이터뿐만 아니라 운송 중에 일시적으로 곡물을 저장하는 시설과 운송 철도, 운송선까지 독점(전세 혹은 소유)하고 있다. 카길이 운송할 곡물 품종을 정하면 농민들은 카길이 정한 품종을 심어야 한다. 카길의 운송 수단을 이용하지 못하면 농민들은 수확물을 썩힐 수밖에 없다. 광활한 북아메리카 대평원에는 우리나라의 전통 시장처럼 농민이 직접 내다 팔 만한 곳이 없기 때문이다.

우리나라에서는 미국이나 유럽의 재배 규모에는 크게 못 미치지만, 과거보다 더 규모가 커진 한편 지역 내 단작화가 늘고 있다. 1993년 우루과이라운드 타결 이후 농산물 시장이 개방되면서 국내 농산물 가격이 폭락했다. 농민들은 줄어든 소득을 보전하기 위해서 스스로 경작 규모를 늘릴 수밖에 없었다. 특히 자녀 교육비를 비롯해 지출이 많아 소득이 높아야 하는 중장년층 농민들을 중심으로 농가당 재배 규모가 급속히 커지고 있다. 또한 시장에서 제값을 받을 수 있는 품목이 많지 않기 때문에, 몇몇 인기 품목을 중심으로 이른바 주산지가 형성되면서 지역 내 단작화의 비율이 높아지고 있다. 성주 참외, 남해 시금치, 충주 사과, 무안 양파, 금산 인삼, 장호원 복숭아, 강원도 고랭지 배추 등과 같은 이른바 지

미시시피 강변에 있는 카길의 집하 시설 중 한 곳으로, 운송용 바지선·곡물 엘리베이터·저장 시설은 모두 카길의 소유다. ⓒ정현덕

역 특산품 재배 지역이 그렇다.

지자체들 대부분은 지역 특산품이라는 이름으로 특정한 품목에 대한 재배를 지원한다. 곧 무안에서는 양파 농사를 지어야 지자체의 지원을 받을 수 있는 것이다. 또한 농협이나 산지 수집상이 해당 품목 외의 농산물을 잘 사들이지 않는 경우가 많다. 상품에 대한 명성이 없어 잘 팔리지 않기 때문이다. 이를테면 무안에서는 복숭아를 키워봤자 판로를 확보할 수가 없다. 이들 특산품 지역에서는 이미 단작화의 피해가 나타나고 있다. 오래전부터 양파를 재배하는 데 지하수를 끌어다 써온 무안에서는 요즘 지하수 고갈 문제가 심각하고, 인삼이 유명한 금산·강화·풍기에서도 사실상 더 이상의 인삼 재배가 어려워졌다. 인삼은 대표적인 토양 약탈적 작물로, 다른 작물에 비해 흙 속의 유기물과 무기물을 훨씬 더 많이 빨아들인다. 인삼은 본래 같은 토양에서 연작 재배가 불가능한 작물이다. 그래서 요즘에는 인근 지역에서 재배된 인삼이 금산, 강화, 영양 등 전통적인 인삼 주산지로 넘어와서 전통 지역의 이름이 달려 팔리는 실정이다.

몇 가지 품목을 함께 재배하는 소규모 농가가 아직 많이 남아 있지만, 이들 농가에서도 스스로 먹을 것을 제외하면 지역 내에서 판매가 쉬운 두세 가지 품목만 농사짓는다.

전통적으로 농사는 주로 인간의 노동력으로 이루어졌다. 소나 말과 같은 가축의 힘을 빌리기도 했지만 가축을 부리는 데도 역시 사람의 손길이 필요했고, 씨앗을 뿌리고 거두어들이는 데까지 사람의 손이 가지 않는 부분이 없었다. 그리고 뒷간에 여러 달 묵혀두었던 두엄이 비료가 되었으며, 지난해 남겨두었던 수확물이 올해 농사의 종자가 되었고, 부족한 일손을 돕기 위해 품앗이와 두레가 있었다. 하늘과 땅과 사람의 힘으로 농사가 가능했다. 하지만 이제는 하늘과 땅과 사람의 힘만으로는 농사를 지을 수 없게 되었다.

한 농가에서 재배하는 규모가 커지면 커질수록 자체적으로 해결할 수 없는 일이 늘어났다. 그리고 수확량을 높이기 위해서는 기업이 판매하는 농자재들이 절실히 필요해졌다. 우선 더 많이 수확하려면 수확률이 좋은 종자가 필요하다. 몇 십 년 혹은 몇 백 년 동안 재배되어오던 종자보다 기업이 개발해 상점에서 파는 종자가 더 많은 수확량을 보장한다. 그리고 재배 규모를 늘리다 보니 일일이 사람 손으로 해결할 수 없는 일이 많아졌다.

잡초를 사람 손으로 일일이 뽑을 수 없기 때문에 제초제를 뿌릴 수밖에 없다. 한 가지 작물을 많이 심다 보니 그 작물에 대한 병충해가 기승을 부리게 되어 농약을 뿌리지 않고서는 병충해를 감당할 수가 없다. 뒷간 두엄은 손도 많이 가고 넓어진 논밭에 뿌리기에는 양이 너무 적다. 따라서 수확량을 늘리려면 비료가 필수적이다. 수확량이 늘어난 만큼 필요한 외부 투입재도 늘어난 것이다. 그리고 규모가 커진 만큼 사람 대신 기계를 쓰게 된다. 노동 비용을 줄여야 하는 한편 실제 일할 수 있는 사람도 많이 줄어들었기 때문이다.

그런데 이러한 외부 투입재들은 한번 사용하기 시작하면 계속 사용할 수밖에 없는 멍에를 지운다. 수확률이 높은 종자들은 대부분 교잡종으로, 거두어들인 수확물을 다시 파종했을 때 다시금 질 좋고 양 많은 수확이 보장되지 않는다. 기업들이 판매하는 종자 대부분은 많은 수확량을 약속하지만, 재배한 작물에서 씨앗을 받아 이듬해에 심으면 그해 수확량이 형편없다.• 심지어 미국의 특허법에서는 종자의 재파종을 법으로 금지하기도 한다. 결국 농민은 새로 종자를 사야 한다.

또 농약을 사용하면 병충해가 그 농약에 내성이 생겨, 더 많은

• 이것은 '멘델의 유전 법칙' 때문이다. 우성 유전자 RR과 열성 유전자 rr을 교배하면 Rr이 나오는데 Rr은 우열의 법칙에 따라 우성 형질만 나타낸다. 예를 들어 동그란 완두콩의 동그란 형질(우성) 유전자를 R, 주름진 완두콩의 주름진 형질(열성) 유전자를 r이라고 할 때, 동그란 완두콩 순종 RR과 주름진 완두콩 순종 rr을 교배해 얻은 잡종 1세대 Rr은 모두 동그란 완두콩이다. 그런데 잡종 1세대 Rr끼리 교배하면 2세대에는 RR, Rr, Rr, rr이 나온다. 곧 동그란 완두콩(RR, Rr, Rr)도 나오고 주름진 완두콩(rr)도 나온다. 곧 농민이 처음 기업에서 구매한 종자는 잡종 1세대라 수확량이 많고 우성 형질을 나타내지만, 그것을 수확해 얻은 씨앗은 잡종 2세대로서 수확량이나 품질이 고르게 나타나지 않는다.

농약을 뿌려야만 방제가 된다. 비료는 땅의 힘을 북돋아주는 것이 아니라 농작물에 필요한 일부 영양소만을 채워주기 때문에, 땅은 작물에 계속 힘을 빼앗기며 점점 산성화되고 척박해진다. 그래서 수확량을 유지하려면 더 많은 비료를 쏟아부어야 한다. 농기계는 말할 것도 없다.

더구나 대규모 단작화는 이러한 외부 투입재에 대한 의존도를 더욱 높인다. 규모가 클수록 더욱 농약과 비료에 의존할 수밖에 없다. 따라서 토양과 환경에 미치는 부정적인 영향이 점점 더 크게 나타난다. 비료와 농기계를 오랫동안 사용할수록 토양의 침식이 심해져 토양은 스스로 양분을 저장할 능력을 점점 잃어가고, 비료와 농기계 사용이 비료를 계속 필요하게 만드는 악순환이 일어나는 것이다. 앞서 말했듯이 종자도 마찬가지다. 계속 농사를 지으려면 해마다 종자를 살 수밖에 없다.

이러한 외부 투입재의 공통점은 규모가 커지면 커질수록 더욱 많이 필요해지는 한편, 하나같이 돈이 많이 든다는 것이다. 농기계는 중형차 한 대 값에서부터 몇 억에 달하는 것도 있다. 또 농기계는 한 가지가 아니라 기능에 따라 여러 종류가 필요하기 때문에 갖추려면 농가에 부담이 더욱 크다. 그리고 2008년 외환위기 이후 유가가 오르면서 주로 석유화학 물질인 농약과 비료의 가격이 크게 오른 데다, 기름이나 전기를 사용하는 농기계 유지 비용도 높아졌다. 수확량을 늘려 돈을 많이 벌려고 하는 농업이 오히려

한국 농업총수입에서 차지하는 농가경영비 비율의 변화

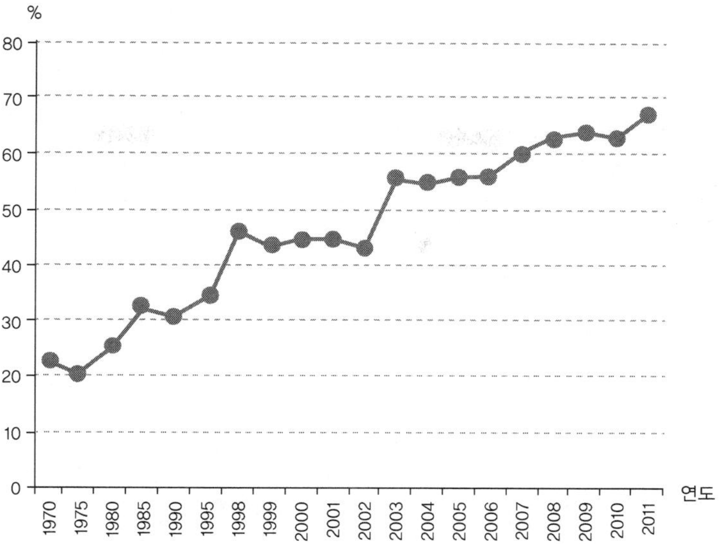

《농림수산식품 주요통계 2012》의 통계 자료를 기초로 작성.

돈이 많이 드는 농업이 되고 있다고 볼 수 있다.

이러한 경향은 위 그래프에서 확인할 수 있다. 1970년대 한국에 녹색혁명을 통해 소위 현대적인 농업이 도입된 이후, 농가에서 농산물을 판매하여 얻은 수입에서 농가경영비•가 차지하는 비율은 지속적으로 높아졌다. 1970년 21.8퍼센트에 불과하던 농가경영비 비율이 2011년에는 66.9퍼센트로 높아졌다.

• 농가경영비는 종자·비료·농약을 구매하는 데 드는 '재료비', 외부 노동력을 고용하는 데 드는 '노무비', 전기요금·농기계 수리비 등의 '경비'와 도정료·농업보험료 등의 '판매 및 관리비'로 구성된다.

트레이시 메이더/신젠타 제품마케팅 책임자

"우리가 개발한 신제품 애그리슈어 빕테라Agrisure Viptera는 특정 특성을 부가한 유전자조작 옥수수다. 현재 미국 전역의 옥수수에서 발견되는 14종의 해충에 강한 유전적 특성을 이 옥수수에 집어넣었다. 따라서 에이커당 수확량이 증가하고 옥수수의 품질 향상 효과도 기대할 수 있다."

돈 세바스키/신젠타 판매 책임자

"신젠타의 클리스톨 기술을 적용한 잡초 제거 농약은 일반 잡초나 큰 잎사귀 잡초를 제거하는 데 효과적이다. 옥수수 재배 때 발아하기 전에 한 번 뿌리면 여러 잡초들을 제거할 수 있다. 이 제초제는 신젠타의 옥수수 제초제 가운데 꾸준히 판매되는 것이며, 현재 널리 사용되고 있다."

지비 포먼/미 일리노이 주 농민

"옥수수를 사서 심으려면 돈이 엄청나게 든다. 씨앗을 사야 하고, 비료도 사야 하고, 농약도 뿌려야 한다. 거의 반혼수상태가 될 지경이다. 수확량이 얼마나 될지 생각하고 싶지도 않다. 경비가 너무 많이 들기 때문이다."

키스 볼린/미국 옥수수경작자협회장

"200부셸●이 나오는 땅에서 부셸당 50센트 수익을 낸다면 대략 1에이커(약 1200평)당 약 100달러 수익이 난다. 1000에이커(약 120만 평)에 농사를 짓는다면 수익은 대략 10만 달러(약 1억 2000만 원)가 된다. 그러나 대다수 농민들은 부셸당 5달러에 팔지 못한다. 아마 3.5달러, 3.8달러, 4.2달러 정도에 팔 것이다. 따라서 순수익은 그렇게 많지 않다. 박한 편이다."

● 부셸bushel은 곡물이나 과일의 양을 재는 단위로, 1부셸은 8갤런(약 30.3리터)에 해당한다.

빠른 것이 최고, 속도를 추구하는 농업

공장에서 제품을 많이 생산하려면 일단 설비를 늘리고 공장의 규모를 키우는 것이 필요하다. 또 단위시간당 생산되는 양을 늘리는 것이 중요한 문제로 남게 된다. 농업에도 마찬가지로 공장의 생산원리가 적용되기 때문에 앞에서 이야기한 바와 같이 대규모 단작화가 이루어진다. 하지만 토지는 한정되어 있다. 무한정 늘릴 수 없는 한정된 농지에서 빨리 키워 팔고 다시 빨리 키워 팔기 위한 속성 재배 농법이 도입된다.

속도를 추구하는 농법은 다양한 곳에서 활용된다. 식물의 생장을 촉진하는 각종 호르몬 영양제가 투입된다. 지베렐린gibberellin은 가장 많이 알려진 식물 생장 촉진제다.

가축의 경우에도 하루라도 빨리 출하하는 것이 더 많이 생산할 수 있는 비결이기 때문에, 육종育種(교배 등을 통한 품종 개량)을 통해 성장 기간을 단축시킨다. 예를 들어 우리나라에서 양계업이 본격적으로 산업화되기 전에는 토종닭 한 마리가 성계成鷄(다 자란 닭)로 자라는 데 암탉은 적어도 100일, 수탉 60~70일이 걸렸다. 그런데 1980년대 들어 닭고기를 만들 목적으로 육종을 통해 개발된 닭은 성장 기간이 45~50일로 단축되고, 토종닭보다 덩치도 커졌다. 매년 높은 수준의 육종이 이뤄지면서 1990년대에 도입된 육계肉鷄(식용 닭고기)는 사육 일수가 40~45일로 줄고, 2000년대에는 36~40일, 2000년대 중반에 이르자 평균 31일이면 출하가 가능한 체중에 도달했다. 최근에는 닭 가슴살에 대한 수요가 늘어나면서 사육 일수를 일부러 늘리기도 하는데 대략 36~40일이면 2킬로그램대의 큰 닭으로 자란다. 이렇게 짧은 기간에 자란 닭은 신체의 모든 기능이 고르게 성장하지 않아 면역력이 떨어져 질병에 취약하다. 그래서 항생제를 많이 투여해야 하는 문제가 뒤따랐다. 최근에는 항생제 남용의 위험성을 우려하는 사회적 인식이 확산되면서 항생제 사용을 줄이려는 노력이 이루어지고 있지만, 성장 기간 단축은 여전히 중요한 요건으로 작용하고 있다.

또한 소가 하루라도 빨리 살지게 자라는 데는 풀보다 곡물 사료가 더 적합하다. 심지어는 초식 동물인 소에게 동물성 사료를 먹여 광우병이라는 무서운 질병을 일으키기도 했다.

식물 종자 역시 수확량 증가뿐 아니라 수확 시기를 앞당기는 것이 중요해진다. 수확 시기가 앞당겨질수록 투여되는 노동력이나 자재 비용을 줄일 수 있다는 것도 중요한 이유다.

식물의 수확 시기를 앞당기고 동물의 성장 속도를 높이는 데에도 GMO 기술이 활용된다. 단위시간에 더 많은 생산량을 확보하는 것이 농업 경쟁력의 비결인 만큼, 이러한 속도 추구에 발맞추지 못한다면 최신 기술도 쓸모가 없어진다. 단적인 예가 바로 최초의 GMO 농산물인 토마토다. 1994년 미국의 칼진Calgene 사가 개발한 플레이버 세이버Flavr Savr는 유통 기간이 짧은 토마토의 단점을 극복한, 쉽게 무르지 않고 오래가는 품종이었다. 하지만 이 토마토는 얼마 되지 않아 재배량이 줄어들었다. 쉽게 무르지 않는 점이 오히려 소비자에게 거부감을 준 측면도 있지만, 더 큰 문제는 생산자들에게 있었다. 본래 토마토는 익기 전 푸를 때 따서 출하했는데, 이 품종은 빨갛게 익었을 때 따기 때문에 그만큼 재배 기간이 늘어나 생산자들이 재배를 기피했기 때문이다. 재배 기간이 늘수록 소요 비용도 늘기 때문이다.

누구를 위한 녹색혁명인가

경쟁력이 없는 가족농과 소농은 필요 없다?

농업이 경쟁력을 갖추고 효율을 높이려면 어떻게 해야 할까? 제조업을 놓고 볼 때 영세한 중소기업에서 제품을 생산하는 것보다 자본과 기술력을 갖춘 대기업이 생산하는 것이 훨씬 유리하다. 말 그대로 대기업이 경쟁력이 있으며 효율적이라고 할 수 있다. 농업에서도 마찬가지다. 녹색혁명이 도입되고 산업형 농업이 확산될수록 경쟁력을 갖춘 대농과 기업농이 유리해지고, 가족농•과 소

• 가족농이란 일반적으로 가족의 노동력으로 농사를 지을 수 있는 규모의 농가를 말하는데, 최근에는 보통 부부 노동력을 기준으로 본다. 농업 생산 여건이 나라마다 다르기 때문에 가족농의 규모도 나라마다 다르게 나타난다.

농은 불리해진다.

우선 단일 작물이 대규모로 재배되면 해당 농산물의 가격이 크게 떨어진다. 생산량이 늘어나면 수요 공급의 법칙에 따라 가격이 하락하게 마련인데, 농산물은 공산품과 달리 값이 떨어져도 수요가 크게 늘지 않는다. 수요가 별로 늘지 않으니 하나라도 더 팔려고 값을 더 내릴 수밖에 없다. 그래서 농산물은 생산량이 늘어날수록 다른 상품에 비해 가격 하락폭이 크다. 농산물 가격이 하락하는 반면 재배에 필요한 농자재의 가격은 계속 오른다. 농산물 가격이 하락해서 소득이 줄어드는데도 투입재에 드는 비용이 높아지니 규모가 작은 농가일수록 감당하기 어려워진다.

반면 규모가 큰 농가일수록 이러한 영향을 덜 받게 된다. 대규모로 구입하기 때문에 구입 단가를 낮출 수 있어 상대적으로 농자재 비용이 적게 드는 반면, 농산물 가격이 떨어지더라도 워낙 대량으로 생산하기 때문에 손실이 크지 않다. 그리고 규모가 크면 농업자금 대출과 농지 구입도 상대적으로 쉬워 농기계 및 비닐하우스와 같은 시설을 갖추거나 최신 농법을 시도하는 일도 비교적 수월하다. 자본과 기술 활용도가 높아지는 것이다. 게다가 정부에서 지급하는 보조금은 대부분 규모가 클수록 많이 받을 수 있도록 되어 있어 규모가 작은 농가일수록 불리하다. 결국 규모가 클수록 시장에서 경쟁에 유리해지는 것이다.

이러한 이유로 수많은 농가가 농촌으로부터 퇴출을 당해야 했다.

한국의 농가 인구는 1990년 715만 명에서 2011년 296만 명으로 줄었다. 한편 만 65세 이상 인구를 나타내는 고령화율은 1990년 11.5퍼센트에서 2011년 33.7퍼센트로 심각해졌다. 한국의 평균 고령화율이 11.4퍼센트임을 감안하면 그 심각성을 잘 알 수 있다. 선택과 집중에 의한 농업 구조 조정의 와중에 이른바 경쟁력이 없는 농가들이 농촌을 떠난 것이다.

다른 한편으로 농가들 내에서도 양극화가 심각하다. 소득을 기준으로 상위 20퍼센트와 하위 20퍼센트를 비교하는 양극화 지수를 살펴보면 2005년 9.6배에서 2010년 12.1배로 그 격차가 급격히 벌어졌다. 상위 20퍼센트의 농가 소득이 하위 20퍼센트의 농가 소득에 비해 12.1배나 높다는 뜻이다. 2010년 기준 도시 지역의 양극화 지수가 7.1배였던 것에 비교해 보면 농촌 지역의 소득 격차가 엄청나게 벌어지고 있음을 알 수 있다.

많은 농민들이 농사짓느라 지게 된 빚에 대한 부담감을 이기지 못하고 자살을 선택하기도 한다. 농지를 늘리거나 농기계를 구입하고, 축사와 같은 시설을 세우기 위해 농민들은 부채를 지게 된다. 이른바 경쟁력을 갖춘 농업을 하기 위해서다. 인도의 농민들처럼 값비싼 종자와 농약을 구입하려고 고리대금을 쓰기도 한다. 하지만 병충해나 가뭄, 홍수와 같은 자연재해로 수확량이 줄거나 수입 농산물 때문에 가격이 크게 떨어지면 농민들은 빚을 갚기 어렵게 되고, 결국 신용불량자가 되거나 부담감을 이기지 못해 목숨을 끊고 마는 것이다.

가족농과 소농이 줄고 농촌 인구가 줄면서 농촌 지역의 공동체도 파괴되었다. 전통적인 노래, 놀이부터 명절에 이르기까지 한 나라의 고유한 문화는 그 나라의 농경 문화를 바탕으로 하는 경우가 많다. 그래서 전통문화는 농촌 지역에서 더 오래 잘 보존되고 그 문화를 향유하는 사람도 농촌에 더 많이 남아 있다. 하지만 농촌 공동체가 파괴되면 전통문화를 보존하고 유지할 사람들이 줄어들고, 다양한 문화적 행위들이 하나둘씩 사라지게 된다.

가족농과 소농이 줄면 종자도 그 영향을 받는다. 대농과 기업농은 주로 상품성이 높은 일부 작물과 일부 품종을 재배하는 쪽을 선호한다. 게다가 종자기업들이 종자를 판매하면서 관련된 다양한 기술 정보와 농법을 함께 제공하기 때문에 대농과 기업농은 더욱 기업이 파는 상품성 높은 종자를 선호한다. 그러면서 가족농과 소농이 대대로 재배하고 보존해온 수많은 토종 종자들은 주인을 잃고 사라지게 된다. 토종 종자와 함께 유지되어온 다양한 전통 재배 기술도 함께 사라진다. 종자에 따라 농사짓는 방법이 달라지기 때문에, 토종 종자가 사라지는 것은 그 재배 기술도 사라진다는 의미다.

먹거리 생산의 주역인 농민은 사라지고

녹색혁명이 도입되면서 산업형 농업이 확산될수록 농민의 역할은 작아진다. 한 해 농사를 마무리하면서 좋은 종자를 골라내고, 이듬해 농사를 위해서 종자를 개량하던 농민의 역할은 기업에 돌아간다. 이제 농민들은 그저 기업에게서 종자를 구입하는 것 말고는 할 수 있는 게 없다.

여러 해에 걸쳐서 농사를 지으며 땅의 힘을 살려왔던 농민들의 노력 역시 비료가 대신하게 되었다. 병충해를 막기 위해 농민들이 사용하던 전통 재배 기술 역시 농약이 대신한다. 농민들에게 남은 선택은 어느 회사의 농약과 비료를 쓸 것이냐 하는 것뿐이다.

게다가 일반적으로 종자는 적합한 농약, 비료 등 농자재와 결합되어 판매된다. 이른바 패키지형 판매다. 패키지형 판매는 GMO 농산물에서 두드러지는데, 몬산토에서 판매하는 대두 종자인 '라운드업레디'는 반드시 몬산토가 판매하는 '라운드업' 제초제와 함께 사용해야 한다. 이를 무시하고 다른 기업의 제초제를 사용할 경우 재배 작물이 주변 잡초들과 함께 죽을 수 있다. 몬산토의 연구원들은 라운드업 제초제의 주원료인 글리포세이트 생산 공장 근처에서, 공장에서 새어 나간 찌꺼기에 오염된 환경에서도 살아남은 박테리아를 발견했고, 그 박테리아의 분자 구조를 분석해서 글리포세이트에 내성을 나타내는 유전자를 대두 세포에 접목해 라운드업레디 종자를 만들었다. 이 유전자는 모든 제초제에 면역성을 갖는 것이 아니기 때문에, 라운드업 제초제와 성분이 다른 제초제를 사용할 경우 면역성을 발휘하지 못한다.

또한 경쟁력을 갖추기 위해 농지를 늘리고, 각종 시설을 갖추고, 농기계를 구입하기 위해 농민들은 대출을 받는다. 농민이 농업을 지속하려면 금융기관에 의존해야 한다.

한 가지 작물을 집중해서 대규모로 재배하면서 수확량이 크게 늘자 수확물을 판매할 곳이 줄어들었다. 대량으로 농산물을 거래할 수 있는 구매업체가 없으면 아무리 농사를 잘 지어도 팔 수가 없다. 결국에는 사주겠다는 업체가 요구하는 대로 농사를 지을 수밖에 없다. 미국의 사례에서처럼 최근 우리나라에서도 농산물을 사들이는 산지 구매업체가 농민들에게 특정 종자를 재배할 것을 요구하기도 한다.

자본과 기술이 집약적으로 투입되는 산업형 농업이 확산될수록 농민의 역할이 줄어들고 종자·농약·비료·농기계·자금과 같은 투입물과, 생산물 판매처에 대한 의존도가 더욱 높아진다. 시장에서 잘 팔리는 농산물을 심어야 하기 때문에 점점 투입재에 의존하게 되고, 결국은 투입재를 판매하는 기업에 의존하게 되는 한편, 농산물 구매업체의 지시에 따르게 되는 것이다.

환경을 파괴하는 산업형 농업의 확산

대규모 단작화, 그리고 산업형 농업은 자연스럽게 환경 파괴로 이어진다. 가장 많이 알려진 것이 농약의 폐해다. 자연의 곤충과 새들을 멸종에 이르게까지 하는 농약은 사람의 생명까지 위협하는 무서운 존재다. 제초제의 일종으로 몬산토가 개발한 에이전트 오렌지Agent Orange는 인체에 치명적인 환경 호르몬인 다이옥신을 함유한다. 얼마 전 국내 미군부대에서 유출되어 인근 지역에 심각한 피해를 야기한 고엽제가 바로 에이전트 오렌지다. 베트남전쟁 때 미군이 사용해서 심각한 후유증으로 문제를 일으켰던 에이전트 오렌지는 몬산토에서 판매하는 제초제로 탈바꿈하여 여전히 우리 곁에서 사용되고 있다.

그리고 비료와 농약, 농기계 사용은 토양 내 미생물을 파괴하고 토양 침식을 일으켜 땅을 황폐하게 만든다. 농약 때문에 토양 속에서 영양분을 분해하는 미생물이 죽는 한편, 비료는 땅을 산성화시킨다. 게다가 땅을 자주 갈다 보면 농사에 필요한 겉흙이 유실되고 침식이 가속화되어 영양소를 갖지 못한 불모지로 변하게 된다.

미국에 '더스트볼Dust Bowl'이라는 지역이 있다. 로키산맥 동쪽에 있는 분지로 원래는 풀이 가득한 드넓은 초원 지대였다. 1900년대 공유지 이주가 장려되면서 이곳에 많은 이주민이 몰려들었고, 정착이 이루어진 지 몇 십 년 만에 과도한 경운과 집중적 농업으로

모래에 파묻힌 농기계들/1936년 5월 13일 사우스다코타 주 댈러스 출처 : Wikimedia/미 농무부

급속히 사막화되었다. 그리고 1930년대 불어닥친 거대한 모래 폭풍으로 농사는커녕 사람도 살 수 없는 곳이 되어버렸다. 당시, 황사 현상이 거의 미국 전역에 일어났다. 이러한 사막화 현상은 전 세계 곳곳에서 일어나고 있다. 산업형 농업의 확산이 농사를 지을 수 없는 땅을 확산하고 있는 것이다.

또한 토양에 뿌려진 비료와 농약은 지하수와 인근 하천으로 스며들어 수질 오염을 야기하는 원인이 된다. 특히 비료에 포함된 질소 성분은 수질의 질소 함량을 높이는 원인으로 자주 지목되고 있다. 2009년 미국 퍼듀 대학의 연구에 따르면 바이오 연료용 옥수수 재배가 증가하면서 수질 오염이 악화되었다고 한다. 옥수수 단작 재배는 옥수수와 콩을 돌려짓기할 때보다 질소와 살균제가 더 많이 투입되기 때문에, 옥수수 재배 자체가 하천이나 지하수 오염의 주요 원인으로 꼽힌다.

그리고 산업형 농업은 막대한 탄소를 배출하는 원인으로 지목된다. 비료와 농약은 주로 석유화학 물질로 만들어지기 때문에 생산 단계에서 탄소를 배출하는 한편, 땅에 뿌려져 토양 내 미생물을 파괴함으로써 탄소를 품을 수 있는 토양의 능력을 떨어뜨린다. 그리고 농기계는 석유를 연료로 사용한다. 또, 농산물을 포장하고 소비지까지 운송하는 과정에서 가장 많은 탄소가 배출된다. 대기 중의 탄소량을 줄이는 데 가장 큰 역할을 해온 농업이 도리어 탄소 배출의 주범이 되어버린 실정이다.

대재앙을 불러일으키는 종의 단순화

산업형 농업의 확대가 불러일으킨 최악의 시나리오는 바로 종種의 단순화다. 환경적으로 생물다양성이 지닌 중요성에 비추어 볼 때 농작물의 종다양성 역시 매우 중요하다. 그런데 전통적으로 재배되어온 다양한 토종 종자들이 사라지고 수익성이 높은 특정 품종으로 단작화하면서, 해마다 전 세계 농작물의 종이 1, 2퍼센트씩 감소하는 것으로 알려졌다. 지난 100년 동안 농작물의 유전자원 약 75퍼센트가량이 사라졌다.

대규모 단작화 정도가 매우 심각한 미국의 경우 1903년 당시 미 농무부에 등록되어 있던 상업 작물 중 96퍼센트가 현재는 재배되지 않는다. 배추 종자의 93퍼센트, 옥수수의 96퍼센트, 토마토의 95퍼센트, 아스파라거스의 98퍼센트, 사과의 85퍼센트, 상추의 90퍼센트가 현재 사라져서 재배되지 않는다. 실로 엄청난 규모로 농작물 품종이 사라지고 있다.

종다양성 감소는 농업 생산에 직접적인 위협이 되기도 한다. 단일 품종이 대규모로 재배되면 비록 그 품종이 병충해에 강하다 하더라도 생태적인 압력을 받아, 어느 순간 그 품종의 면역력을 능가하는 병충해가 발생하게 된다. 농약에 대한 내성 역시 마찬가지로 나타날 수 있다. 그럴 경우 병충해로 인한 피해를 피할 방법이 없어지게 된다.

최근의 바나나 생산량 감소와 가격 상승 역시 이러한 맥락에서 이해할 수 있다. 우리가 일반적으로 사 먹는 바나나에는 씨앗이 들어 있지 않다. 과일 내 씨앗을 없애고 맛과 당도를 높이는 한편 병충해 저항력을 높인 바나나가 개발되어 보급되었기 때문이다.

씨앗이 들어 있지 않기 때문에 바나나는 꺾꽂이를 통해서 옮겨 심긴다. 거듭된 꺾꽂이로 번식한 바나나나무는 사실상 모두 유전적으로 동일하다고 볼 수 있다. 최근 바나나나무에 병충해가 들기 시작했다. 바나나나무가 유전적으로 거의 동일하기 때문에 병충해의 공격에 쉽게 무너지고 있는 것이다. 그 결과 바나나 생산량은 줄어들고 값이 크게 오르게 되었다. 아일랜드의 감자 기근, 우리나라의 통일벼와 광교 콩 사례 역시 마찬가지다. 종의 단순화가 얼마나 무서운 결과를 가져올 수 있는지를 보여주는 대표적인 사례들이다.

최근 GMO 종자 보급으로 농작물의 품종 단일화 문제가 더욱 심각해지고 있다. GMO 종자를 개발하는 기업들이 수많은 종자를 상품으로 내놓더라도 상업적으로 재배가 확대되는 품종은 일부에 불과하다. 또 개발하거나 판매하는 기업이 다르더라도 이들 기업이 판매하는 종자들은 서로 유사한 성질을 지닌다. GMO 재배가 전 세계로 확산되면서 세계 곳곳에 존재하던 수많은 종자들이 빠르게 사라지고 있다. 게다가 GMO 재배는 인근 농작물에 유전자 오염을 일으킨다. 이대로 GMO 재배가 확산되면 머지않아 'Non-GMO'라는 말이 없어질 수도 있다. GMO 종자만 살아남고 다른 종자들은 모두 사라질지도 모르기 때문이다.

녹색혁명과 농업의 세계화

녹색혁명과 농산물 자유무역

본래 농업은 공장과 같은 생산 원리를 적용하기 어려운 산업이었다. 생산량을 늘리는 데 가장 우선되는 요소인 농지가 한정되어 있기 때문이다. 그래서 어떻게 하면 단위면적당 수확량을 높이느냐가 가장 중요하다. 하지만 전통적인 방법으로는 단위 면적당 수확량을 늘리는 데 한계가 있다. 농약과 화학비료의 대량생산은 이러한 한계를 극복할 수 있는 첫 번째 도구가 되었다.

두 차례의 세계대전에서 두 가지 변화가 나타났다. 독가스와 같은 화학무기가 등장했고, 폭발물이 대량으로 사용된 것이다. 이 시기에 그 밖에도 여러 변화가 나타났지만 특히 이 두 가지 변화는 녹색혁명과 매우 밀접한 관계가 있다. 왜냐하면 전쟁이 끝난 후 화학무기는 농약으로, 폭발물은 화학비료로 변모하게 되었기 때문이다.

당시 개발되었던 독가스는 대부분 생체의 신경을 마비시키는 신경계 물질이었다. 물론 동물과 식물의 신경계가 다르지만 약간만 조정하면 독가스를 얼마든지 제초제와 살충제로 만들 수 있었다. 화학비료와 폭발물은 둘 다 질소 성분을 중요한 원료로 삼는다. 전쟁이 끝나자, 당시 화학무기와 폭발물을 개발하고 생산하던 기업들은 수요가 줄어든 독가스와 폭탄 대신에 농약과 비료를 대량생산하기 시작했다. 이렇게 시작된 농약과 화학비료 생산이 녹색혁명을 가장 앞서 이끌어가는 원동력이 된 것이다.

농약과 비료 공급량이 늘자 수확량이 크게 늘어날 수 있었지만, 당시 많은 나라에서는 여전히 식량이 매우 부족한 상태였다. 우선 두 차례 전쟁으로 유럽 지역은 농업 생산기반이 크게 파괴되었으며, 아시아와 아프리카의 수많은 가난한 나라에서는 늘어나는 인구에 비해 농업 생산력이 부족한 형편이었다. 전 세계에서 가장 강력한 농업국가인 미국은 막대한 원조를 통해 이러한 문제를 해결하고자 마셜 플랜Marshall Plan을 수립했다. 제2차 세계대전 뒤 유럽의 황폐화를 막기 위해 미국이 실시한 대규모 원조 계획인 마셜 플랜은 사실 인도적인 목적에 따른 것이라기보다는 이들 국가의 공산화를 막기 위한 정책이었다. 마셜 플랜 외에도 미국은 전 세계 수많은 나라를 위한 식량 원조를 단행했으며, 우리나라 역시 해방 후 미국의 식량 원조에 크게 의존했다.

미국의 농민들은 개간을 통해 경지면적을 확대하고, 농약과 화학비료를 사용하며, 농기계를 이용하는 등 녹색혁명을 통해 전 세계를 구하기 위한 식량 증산 정책에 동원되기 시작했다. 당시 식량 원조가 주로 밀, 콩, 옥수수 같은 곡물을 중심이었기 때문에 식량 증산을 위한 곡물의 대규모 단작화가 진행되었고, 미국은 세계 최대의 곡물 생산 국가가 되었다. 하지만 이렇게 늘어난 곡물의 생산량은 바로 가격 하락의 원인이 되었다.

시간이 지나 미국 정부의 재정 문제로 말미암아 식량 원조의 양이 줄어들고, 전 세계로 확산된 녹색혁명으로 많은 나라에서 식량 자급률을 높여가자, 미국의 잉여 농산물은 문제가 되었다. 전쟁 뒤에 농업에 대한 직접적인 지원과 보호를 통해서 농업 생산량을 크게 올린 유럽의 많은 나라에서도 마찬가지 문제가 나타나기 시작했다. 그런데 거의 대부분의 나라들은 농업의 중요성 때문에 자국의 농업을 보호하는 각종 정책을 시행하고, 수입 농산물로부터 국내 시장을 보호하기 위한 규제를 실시하고 있었다. 그래서 미국과 유럽의 선진국들은 자국의 잉여 농산물을 전 세계에 수출하기 위해서 1980년대부터 우루과이라운드를 통한 농산물 시장 개방, 곧 농산물 자유무역을 추진한 것이다.

농업을 파괴하는 자유무역

1993년 우루과이라운드 협상이 타결된 결과 1995년 세계무역기구(이하 WTO)가 출범하고, 이후 전 세계 농산물 시장이 개방되었다. 우리나라 역시 모든 농산물에 대해 시장이 개방되었다. 쌀은 일정한 양을 의무적으로 수입하기로 약속함으로써 예외로 인정받았지만, 쌀 시장도 어느 정도 개방된 것은 분명하다. 이렇게 시작된 농산물의 자유무역은 수출국과 수입국 모두의 농업을 파괴했으며, 지금도 파괴하고 있다.

수출국에서는 이른바 경쟁력을 갖춘, 곧 값싸게 많이 생산할 수 있는 작물을 재배하는 데 집중하게 된다. 미국 같은 나라에서는 대규모 보조금을 받을 수 있는 콩, 옥수수, 밀과 같은 곡물의 재배가 더욱 늘어난다. 이렇게 일부 작물의 재배가 집중적으로 확대되면 해당 작물들은 필요 이상 과잉 생산되어 값이 떨어지게 마련이며, 선진국의 경우 이렇게 과잉 생산된 농산물은 정부 보조금으로 낮은 가격에 수출된다. 정부 보조금을 받을 수 있기 때문에 수출되는 소수 작물의 대규모 단작화가 더욱 심해진다. 그러나 소규모로 농사를 짓는 농민들은 경쟁력을 높이기 위해서 농지를 늘리고 새로운 기계와 기술을 도입한다 해도 농산물 가격이 낮아 소득을 늘리기는커녕 부채를 갚기도 버거워진다. 가족농과 소농의 경쟁력은 지속적으로 낮아지고 결국 시장에서 퇴출당하게 되는 것이다.

낮은 가격에 수입된 농산물은 수입국 농산물의 시장가격을 크게 떨어뜨린다. 농민들은 자연스레 수익성이 높은 환금 작물을 재배하기 시작한다. 커피, 카카오 등과 같은 환금 작물은 주로 국내 수요보다 국제 시장에 의존한다. 아무리 상품성이 뛰어난 작물이라 하더라도 환금 작물의 재배가 확대되면, 역시 마찬가지로 시장가격의 하락을 피할 수 없다. 생산비조차 건지지 못한 농민들은 인도의 농민처럼 자살을 선택하거나, 아프리카의 농민처럼 굶주림을 견딜 수밖에 없다. 그래서 전 세계 기아 인구의 4분의 3이 농촌에 거주한다는 역설적인 현실이 나타난다. 환금 작물은 대부분 주식이 될 수 없기 때문에, 먹거리를 생산하는 농민이 먹을 것이 부족해서 굶주리는 것이다.

우리나라 역시 이러한 자유무역의 악영향을 크게 받고 있다. 주식인 쌀 시장은 아직 전면 개방되지 않아 어느 정도 보호되고 있으나, 해마다 늘어나는 의무 수입량 때문에 국내 쌀값은 10년 전, 때로는 20년 전 가격으로 유지되고 있다. 때문에 많은 농민들이 삶의 터전을 떠나며 농사를 포기했으며, 남은 농민들은 부족한 소득을 늘리기 위해 재배 규모를 늘리거나 다른 작물 재배로 전환하고 있다. 하지만 농산물 대부분이 개방되어 있기 때문에 농민들은 상대적으로 적은 양이 수입되는 품목이나 수출이 가능한 품목을 재배하는 데로 더욱 몰리고 있다.

먹거리의 세계화, 세계농식품체계

20세기 들어 공업이 발달하면서 인류 사회는 큰 변화를 겪었다. 공산품의 생산, 유통, 소비 장소로 대도시가 발달했고, 대도시는 대규모 먹거리 소비지가 되었다. 그리고 운하, 철도, 해운, 항공과 같은 운송 수단이 발달하면서 먹거리 생산지에서 소비지까지의 이동 시간이 줄어들고, 운송할 수 있는 양도 크게 늘었다. 또한 냉장/냉동 기술이 발달하고 가정용 가전제품이 널리 보급되면서 먹거리를 오랫동안 보존할 수 있어, 먹거리의 장거리 수송과 장기간 보존이 가능해졌다. 유통과 조리에 편리한 형태로 식품을 가공하는 산업도 발달했다. 이러한 변화는 녹색혁명을 통한 산업형 농업의 확대와 자유무역이라는 농업의 세계화 속에서 새로운 농식품 체계를 형성한다.

농식품 체계agrifood system란 먹거리가 생산되고 소비되는 체계를 뜻한다. 과거에는 주로 지역 내 소비를 위해서 소규모로 생산되고 유통되던 먹거리가 이제 계절과 관계없이 전 세계를 상대로 생산되며 소비되기 시작했다. 이러한 오늘날의 농식품 체계를 세계농식품체계global agrifood system라고 한다. 전 지구적인 생산과 전 지구적인 소비가 이루어지는 체계다.

얼핏 보면 다양한 먹거리를 계절과 상관없이 얻을 수 있게 되어 과거에 비해 좋아진 것처럼 보인다. 하지만 세계농식품체계가 산업형 농업과 자유무역을 통해서 유지된다는 사실은 농업의 미래를 위해서는 결코 좋아 보이지 않는다. 특히 세계농식품체계는 안전한 먹거리가 안정적으로 생산되고 소비될 수 없는 구조적 원인이 된다.

세계농식품체계에서 이루어지는 먹거리의 생산, 유통, 가공, 소비 과정에서 가장 중요시되는 것은 바로 이윤 창출이다. 대규모로, 싼값에, 가장 효율적으로, 세계 곳곳에서 재배된 농산물이 여러 차례 가공을 거쳐 유통되고 소비된다. 수확량을 최대화하기 위해 농약이 살포되고, 수확된 농산물이 오랫동안 보존될 수 있도록 다양한 방식으로 각종 방부 처리가 이루어진다. 가공 과정에서는 영양소보다 맛이 우선시되고, 맛을 내기 위한 여러 첨가물이 들어간다. 식품으로 가공될 원료도 원가 절감을 위해서 GMO 농산물과 같은 값싼 농산물이 주로 사용된다. 소비자의 식탁에 오르기까지 여러 단계를 거치고 오랜 시간이 걸리기 때문에 문제가 생겨도 어디서 어떤 것이 문제가 되었는지 알아내기조차 어렵다. 2008년 일어난 멜라민 파동•으로 많은 사람이 놀랐지만, 멜라민이 언제

• 멜라민은 공업용 화학물질로, 플라스틱 등의 원료로 사용된다. 꾸준히 섭취할 경우 신장결석 같은 질병이 나타날 수 있으며, 영유아나 노인에게는 급성 신부전 등을 일으킬 수 있다. 2008년 중국에서 멜라민이 함유된 분유를 섭취한 영아들이 신장 질환으로 사망한 사건이 일어났다. 국내에서도 중국산 분유를 원료로 사용한 빵·과자류 일부에서 멜라민이 검출되어 문제가 되었다. 멜라민은 질소를 많이 함유한다. 우유의 단백질 함량 검사는 단백질 중의 질소를 측정하는 방법으로 이루어지기 때문에, 희석해서 단백질 함량이 낮아진 우유에 멜라민을 넣으면 단백질 함량이 높은 것처럼 속일 수 있다.

어떻게 식품 내에 들어갔는지 온전히 파악하기는 불가능했다. 게다가 여전히 멜라민이 들어 있는 식품이 발견되고 있다는 사실은 문제의 심각성을 더욱 잘 보여준다. 먹거리 안전에 위기가 닥친 것이다.

또한 소비자들은 자신이 섭취하는 먹거리가 어떻게 재배되고 생산되었는지 알기 어렵다. 단적인 예로 한국생명공학연구원 바이오안전성정보센터가 발표한 〈2012년 GMO 주요 통계〉 자료에 따르면 한국은 2012년 GMO 농산물의 수입승인 규모가 26억 7000만 달러(784만 톤)에 달한다. GMO 수입 규모가 세계 3위 정도로 추정되는데도• 한국인 대부분은 자신이 먹는 음식에 GMO가 포함되어 있는지 알지 못한다. GMO 농산물의 상당량은 국내

• 현재 GMO 수입과 수출에 대해 정확한 통계를 제공하는 국가들은 바이오안전성의정서The Cartagena Protocol on Biosafety(카르타헤나 의정서)에 가입한 국가들이다. 바이오안전성의정서란 생물다양성협약의 부속 의정서로, 유전자조작 농산물이 교역·취급·이용되면서 환경이나 인체에 위해를 끼치지 않도록 적절한 수준의 안전성을 확보할 것을 목적으로 한다. 2003년 9월 50개국이 비준하면서 공식 발효되었고, 우리나라는 2007년 10월 의정서를 비준해 143번째 가입국이 되었다. 그런데 미국, 중국, 브라질, 호주, 아르헨티나 등 주요 곡물 수출국들은 바이오안전성의정서에 가입하지 않고, 정확한 GMO 수출 및 수입 통계를 공개하지 않고 있다. 따라서 GMO 재배 면적에 대한 통계만 있을 뿐 국가별 GMO 농산물 수입량에 대한 세계적인 통계는 현재 산출할 수 없다. 국제 곡물 거래량의 약 2.5~3퍼센트 정도를 수입하는 한국은 세계 3위 곡물 수입국이다. 사료용 곡물을 많이 수입하기 때문이다. 한국이 주로 곡물을 수입하는 미국, 브라질, 아르헨티나 등은 GMO를 많이 재배하고 수출하는 나라다. 그래서 한국의 GMO 수입 규모도 세계 3위에 이를 것으로 추정할 수 있다.

가축 사료로 사용된다. 곧 우리는 GMO 사료를 먹은 소, 돼지, 닭의 고기, 달걀, 우유 등을 먹고 있다. 그리고 나머지는 대부분 가공용 원료로 사용된다. 젊은 사람들이 즐겨 마시는 각종 청량음료의 주원료는 옥수수 전분(녹말)으로 만든 액상 과당이며, 이것을 만드는 데 대부분 GMO 옥수수가 사용되고 있다는 사실을 아는 사람은 많지 않다. 다시 말해 세계농식품체계가 우리에게 먹거리를 선택할 폭을 넓혀준 것처럼 보이지만, 슈퍼마켓에 즐비하게 진열되어 있는 수많은 청량음료를 아무거나 골라 마시더라도, 화학물질로 맛을 달리한 GMO 옥수수를 우리도 모르게 마시게 되는 것이다.

마지막으로, 이윤을 우선시하는 세계농식품체계의 수요와 공급 불균형으로 식량 위기가 나타나고 있다. 곡물 생산량이 아무리 늘어도 굶주리는 이들에게 차례가 돌아가지 않는다. 잉여 생산된 곡물은 이윤을 보장해주는 가축의 사료로 사용될 뿐이다. 전 세계가 곡물 부족으로 식량 위기에 휩싸여도, 농산물은 역시 이윤을 보장해주는 바이오 연료의 원료로 사용된다. 먹거리 소비의 양극화가 나타나는 것이다. 지구 한편에서는 과다한 영양분 섭취로 비만이 사회적 문제가 되는 반면, 지구 반대쪽에서는 부족한 영양분 섭취로 아사에 이르는 사람이 끊이지 않는다. 2008년과 같은 국제 식량 위기가 언제 또 닥칠지 모른다.• 지구온난화로 인한 이상기후 현상이 더욱 잦아지고, 농업 생산성은 한계에 다다른 반면 수요가 더욱 늘어나면서, 국제 곡물 가격은 상승세를 타고 있다. 유엔

전 세계 농식품 산업에서 10대 기업이 차지하는 시장 점유율

산업	10대 기업 시장 점유율(%)	분야 1위
의약	55	화이자
농약	89	바이엘
식음료 가공	26	네슬레
식료품 소매	40	월마트
수의약	63	쉐링 - 프라우
생명공학	66	암젠
종자	67	몬산토

출처 : ETC Group(부패 · 기술·집중을 감시하는 행동집단Action Group on Erosion, Technology and Concentration), 2008. 11.

식량농업기구(이하 FAO)를 비롯해서 주요 연구기관들은 장기적인 식량 위기를 여러 차례 경고한 바 있다. 식량 위기의 이면에 바로 세계농식품체계가 자리 잡고 있는 것이다.

녹색혁명과 자유무역을 통한 먹거리 체계의 세계화는 이렇듯 우리의 먹거리를 위협하는 직접적인 원인이 된다. 그런데 이러한 세계농식품체계 뒤에는 전 세계 농업과 먹거리를 쥐락펴락하는 초국적 기업들이 있다. 농약, 비료와 같은 농자재를 생산하는 농화학기업, 곡물을 사들이고 거래하는 곡물기업, 농산물을 가공하는 식품기업, 이것을 유통하는 유통기업 들은 전 세계 판매망을 통해 먹거

• 2008년 세계 곡물 값 상승으로 우리나라는 식료품 등 농산물을 재료로 한 제품들의 가격 인상이 이어져 경제를 뒤흔드는 식량 위기를 경험한 바 있다. 위기의 원인으로는 기후변화, 바이오 연료에 대한 수요(바이오 연료의 원료로 곡물이 쓰인다), 국제적 투기자본 등이 지목되는데, 당시에 '식량 주권'과 '식량자원 무기화'가 전 세계적인 화두로 등장했다.

리를 자신들의 이윤 창출 도구로 이용하고 있다.

농약, 식음료 가공, 식료품 소매, 수의약, 종자에 이르기까지 먹거리와 관련된 여러 산업의 시장이 소수 기업에 장악되어 있다. 이들 기업은 막강한 시장 장악력을 통해 각국 정부에게 자신들의 요구를 정책으로 받아들이도록 압력을 넣음으로써 막대한 이윤을 벌어들이고 있다. 이러한 초국적 기업의 먹거리 체계 장악은 바로 먹거리의 시작인 종자에서 출발한다.

3

기업은 어떻게 종자를 독점하게 되었는가

GMO의 탄생

씨앗을 남기지 못하는 농민들

생물다양성 소실과 식량 위기는 가난한 농민들 때문이다?

"먹거리 체계의 생물다양성 소실은 전 세계 가난한 공동체에 영향을 미친다. 빈곤 지역 공동체들의 삶은 동식물과 삼림, 물을 비롯한 다양한 자연자원에 기대고 있다. 가난한 사람일수록 이런 자연자원에 극도로 의존하기 때문에 생물다양성의 소실 앞에서 힘없이 무너질 수밖에 없다. 하지만 가난한 사람들은 당장 먹고살아야 하는 필요 때문에 자연자원을 지속 가능하지 않은 방식으로 사용하곤 한다."

2004년 세계 식량의 날, FAO는 세계 식량 위기의 원인을 이렇게 설명했다. FAO는 생물다양성이 사라지고 식량이 부족해지는 원인을 가난한 사람들이 자연자원을 탐욕스럽게 이용하기 때문이라고 설명한 것이다. 그러나 사람들이 왜, 현재와 같이 자연자원을 지속 가능하지 않은 방식으로 사용하게 되었는지에 대해서는 충분한 설명이 없다.

"굶주리는 사람들은 종자를 파종하지 않고 먹어버린다."

—앤드루 내치어스Andrew Natsios/미 국제개발처(USAID) 국장

옛말에 아무리 배가 고프더라도 농부는 씨앗을 먹지 않는다고 했다. 그런데 지금의 식량 부족이 가난한 사람들이 자원을 함부로 이용하기 때문일까? 굶주린 사람은 내일을 준비할 수 없다는 것을 알면서도 생존을 위해 마지막 씨앗을 먹어버릴지도 모른다. 하지만 이들이 자신의 씨앗을 먹는 표면적인 현상 뒤에 자연자원을 둘러싼 어떤 체계가 있는 것은 아닐까? 이들이 종자를 재생산하지 못하는 현상 뒤에 숨은 진실은 무엇일까? 더욱 근본적인 문제를 살펴볼 필요가 있다.

농민들로부터 지속 가능한 이익을 독점하라

농사가 시작된 신석기 혁명 이래 수만 년 동안 파종할 권리를 누

려왔던 농민들이 어쩌다가 자신의 권리를 잃어버리게 되었을까? 미국에서 시작된 GMO 종자의 역사는 그 과정을 압축적으로 잘 보여준다.

미국은 건국 이후 세계 곳곳에서 종자를 수집해 국민들에게 무상으로 나눠주었다. 농민과 육종 연구자 들은 정부가 나눠주는 종자를 그들 나름대로 재배하고 교접해서 토양에 맞게 품종을 개발해 나갔다. 멘델 유전학이 등장하면서 육종은 점차 농민의 손을 떠나 전문 연구자의 몫이 되었지만, 1930년대까지도 종자 연구과 배급은 대부분 공공 영역에 속한 일이었다. 그런데 1930년대 중반 수확률이 높은 교잡종 옥수수가 개발되어 이 종자가 엄청나게 팔려나갔다. 교잡종 옥수수 종자가 높은 수익률을 올리자, 본격적으로 교잡종을 상업화하려는 기업들이 나타났다. 그리고 제2차 세계대전 후, 독가스와 질소폭탄을 만들던 대규모 화학기업들이 비료와 제초제를 만드는 농화학기업으로 변신하더니, 1980년대 중반 유전공학이 대두하자 종자회사들을 대거 인수하면서 종자 산업에 진출한다. 거대 종자기업의 탄생이다. 자본력과 현대 과학기술로 무장한 종자기업들은 1990년대에 이르러 GMO 종자를 내놓기 시작했다.

한편으로 법과 제도는, 종자를 개발한 육종가에게 그 종자에 대한 소유권을 배타적으로 부여하는 방향으로 발전했다.

미국에서는 1930년 식물특허법The Plant Patent Act(PPA)을 제정해 무성

번식(식물의 일부를 잘라 새로운 개체를 얻는 꺾꽂이나 접붙임 등) 식물에 대한 특허를 인정했다. 이 식물특허법으로는 종자를 통해 유성 번식을 하는 밀, 옥수수, 콩, 쌀 등 중요 식량작물에 대한 권리를 보호할 수 없었기 때문에, 1970년 식물품종보호법The Plant Variety Protection Act(PVPA)이 제정된다. 이로써 유성 번식 식물도 법적인 보호 대상에 포함되면서 종자에 대한 배타적인 소유권이 부여되기 시작했다. 1985년의 하이버드 사건Ex Parte Hibberd 판례는 종자에 대한 배타적 소유권 부여와 상품화 과정을 완성했다고 할 수 있다. 이 사건을 계기로 미국의 특허재심위원회Patent Trial and Appeal Board와 특허상표국United States Patent & Trademark Office은 식물에 대한 일반 특허를 인정하게 되었다. 일반 특허를 인정한다는 것은 식물 변종뿐 아니라 종묘, 식물의 구성 부분, 생산 방법, 식물 유전자 등에 대해서까지 특허를 청구할 수 있다는 뜻이다. 이러한 결정은 미국 일개 기관의 판단에 불과한데도 이후 식물의 유전자 서열 등에 대한 특허 인정과 보호의 근거가 되었다. 이리하여 종자는 사유재산이 되었다.

처음 GMO 종자를 받아든 농민들은 그것이 무엇인지 정확히 알지 못한 채, 농사짓기 편리하고 수확량이 많아 농가의 소득을 높여준다는 기업들의 말만 믿고 파종을 했다. GMO 농산물 재배가 빠르게 확산된 이유는 바로 투자한 비용에 대비해서 생산성이 높다는 인식 때문이었다. 이를테면 이전의 종자들을 재배할 때는 제초제를 여러 차례 뿌려야 했지만, 몬산토가 개발한 GMO 콩인 라운드업레디를 재배하면 역시 몬산토의 제초제인 라운드업을 두세 차례 뿌리면 충분하다는 논리였다.

그러나 애초에 광고를 통해 알려진 생산성은 별문제로 치고, 해를 거듭할수록 종자기업에 대한 농민들의 의존도가 높아지는 문제가 나타났다.

> "이제 농부는 수확한 종자를 다음 해에 재파종하고 재생산할 수 없다. 농민에겐 그럴 권리가 없다. 자기 종자를 보관하고 재파종할 권리는 수 세기 동안 이어져왔다. 수 세기 동안……. 그런데 고작 몇십 년 만에 우리는 그 권리를 포기해버렸다. 정말 놀라운 일이다. 우리는 수확한 종자를 재파종할 수 있었던 농민권을 너무 빨리 포기해버렸다. 하지만 일단 그렇게 해버리고 나면 결과는 매우 안타깝고 다시 되돌리기 힘들게 된다."
>
> -키스 볼린Keith Bolin/미국 옥수수경작자협회American Corn Growers Association 회장

종자를 판매하는 기업들은 생명체와 생물자원에 대한 특허가 허용되도록 하기 위해 종자와 식물들이 자신들의 '발명품'이고, 자신들의 재산이라고 주장했다. 급기야 몬산토 같은 기업에서는 자연의 재생 순환에 기반을 둔 농민의 파종이 오히려 자신들의 재산을 '절도'하는 행위라고 천명하기 시작했다.

몬산토의 종자가 처음으로 아르헨티나에 들어왔을 때 아르헨티나의 사회적 반응은 냉담했다. 그러자 몬산토는 도입 초기 특허사용료(로열티)를 거론하지 않고 밀수를 허용했다. 농민들이 싼값에 자신들의 종자를 구입해서 쓸 수 있도록 한 것이다. 몬산토의 GMO 콩이 아르헨티나의 대평원을 지나 브라질, 파라과이, 볼리비아, 우루과이로 퍼지기까지 채 10년도 걸리지 않았다.

1999년 GMO 콩이 아르헨티나에 도입된 지 3년이 지나자 몬산토는 그때까지 쓴 종자에 대한 특허사용료를 모두 물어내라고 아르헨티나 정부를 압박하기 시작했다. 만약 특허사용료를 내지 않으면 이제부터 GMO 콩 종자를 아르헨티나에 팔지 않겠다고 협박을 가했다. 아르헨티나의 농민들은 격렬하게 저항했지만 결과는 자본력과 특허라는 제도를 앞세운 몬산토의 승리로 돌아갔다. 아르헨티나 농민들은 GMO 콩 매출의 1퍼센트에 달하는 특허사용료를 지불해야 했고, 수확한 콩을 가공하는 현장에서 바로 특허사용료를 징수당했다. 이렇게 거둬들인 돈은 아르헨티나 정부를 통해 몬산토로 전달되었다.

아르헨티나의 농민들은 아주 오랫동안 누려왔던 권리를 잃어버리게 되었다. 스스로 농사지어 수확한 작물에서 직접 종자를 받아내고 이웃 농민들과 나누던 권리를 빼앗긴 채, 기업이 정한 값에 종자를 사야만 하는 처지가 되었다. 농민들은 매년 농사를 짓기 위해 종자기업의 문을 두드려야 한다.

인구가 늘어나는 속도가 곡물 생산량 증가 속도를 뛰어넘었기에, 식량 생산을 늘리기 위한 새로운 돌파구로 종자 개발이 필요하다는 것이 생명공학이 내세우는 명분이다. 하지만 세계 빈곤 인구의 75퍼센트인 약 21억 명이 농촌 지역에 살고 있으며, 이들이 하루 2달러가 안 되는 생활비로 살아가는 현실에서 돈을 주고 사야 하는 종자가 이들의 삶을 개선할 수 있다고 믿는 것은 문제가 있다. 오히려 인류의 굶주림을 해결한다는 애초의 약속과 달리, 생명공학이 인간의 필요를 해결하기 위해 움직이지 않는다는 사실에 주목해야 한다.

생명공학을 연구하는 과학자들은 자신의 연구에 돈을 대는 이들로부터 자유로울 수 없다. 생명공학 연구가 가장 활발한 분야가 바로 제초제 내성 종자를 개발하는 분야고, 이러한 종자 개발을 위한 연구에 가장 열성적인 기업이 바로 종자기업들이라는 사실이 이를 반증한다. 그리고 생명공학을 사기업이 주도하는 현실은 농업생명공학과 종자 개발의 방향에 중요한 영향을 미친다. 사기업의 후원과 자금을 지원받은 연구 개발의 목표는 개발하는 종자의 상품성에 무게가 실릴 수밖에 없는 것이다.

단적으로 기업들이 종자 개발에 열을 올리는 이유는, 새로운 제초제를 개발하는 것보다는 제초제에 내성이 있는 종자를 개발하는 비용이 상대적으로 적게 들 뿐만 아니라, 농민들이 종자를 구입할 때마다 특정 제초제를 함께 구입할 수밖에 없기 때문이다. 이러면 장기적으로 비용은 적게 들고 수익은 늘어난다.

초국적 기업들은 합작 투자, 연구 제휴, 대학 연구기금 지원 등의 방법을 통해 종자 관련 연구에 관여하거나 연구를 직접 통제한다. 또한 기업 내부의 연구 개발에 더 투자하는 방식을 취한다. 대학에서 이루어진 연구라고 하더라도 자금을 지원한 기업이 독점적인 특허를 갖고, 연구 결과를 발표하거나 활용하기 전에 이들 기업의 사전 승인을 거치도록 계약한다. 그야말로 기업들은 연구 개발과 그 이후에 깊숙이 영향을 미친다.

GMO의 안전성을 검증하는 연구조차 이들 기업의 영향을 받는다. 학자들이 연구를 수행하는 데 드는 비용을 주로 기업에 의존하는 상황에서 기업의 주장과 의견으로부터 자유로울 수가 없다. 만약 이들 기업이 연구비를 지원해주지 않는다면 연구 자체가 이루어지기 어렵다. 게다가 어렵게 연구를 수행하더라도 학술지에 실리는 것조차 쉽지 않다. 생명공학 연구는 시작부터 끝까지 기업들의 입김에서 벗어나기 힘든 처지가 된 것이다.

> "생명공학 기업들은 자체 테스트를 한다. 하지만 그들이 하는 테스트는 엄격한 기준에 따른 것이 아니다. 그들은 자주 불충분하고 유용성도 없는 연구 결과를 제출한다. 그런데 유감스럽게도 정부 관료

들은 이런 결과들을 수용한다. 그런 방식으로 유전자조작 농산물이 안전하다는 신화가 퍼지게 된다."

–빌 프리즈Bill Freese/미국 식품안전센터Center for Food Safety(CFS) 과학정책 분석가

기업을 위한 농업 정책, 회전문 인사

또한 기업의 영향력은 정부의 정책에도 깊이 파고든다. 미국에서는 기업의 주요 인사들이 농업 정책 담당 관료가 되거나 주요 관리들이 기업의 요직을 맡아 정부의 농업 정책에 영향을 미치는 회전문 인사가 비일비재하다.

1975~1977년 포드 정부에서 국방 장관을 지냈던 도널드 럼즈펠드Donald Rumsfeld는 사임 후 세계적인 제약회사 설앤드컴퍼니G. D. Searle&Company의 CEO가 되었다. 1985년, 럼즈펠드는 설앤드컴퍼니를 몬산토에 매각했다. 그리고 2001~2006년 조지 W. 부시 정부에서 다시 국방장관 직을 맡았다.

1993~1996년 미국무역대표부United States Trade Representative 대표, 1996~1997년 상무장관을 역임한 미키 캔터Michael(Mickey) Kantor는 현재 몬산토의 이사다.

미주리 주 상원의원이었던 존 애슈크로프트John Ashcroft는 재

> "Agricultural biotechnology will find a supporter occupying the White House next year, regardless of which candidate wins the election in November."
>
> Monsanto Inhouse Newsletter
> October 6, 2000

"농업생명공학 산업은 11월 선거에 어떤 후보가 승리하든, 내년에 백악관 주인의 지원을 받을 것이다." –〈몬산토 사내 소식지Monsanto Inhouse Newsletter〉, 2000년 10월 6일.

선을 노린 2000년 선거 때 후보 중에서 몬산토의 기부금을 가장 많이 받았다. 낙선한 후에는 조지 W. 부시 정부의 법무장관(2001~2005년)이 되었다.

미국 역사상 두 번째 흑인 대법관(연방대법원 판사)인 클래런스 토머스Clarence Thomas는 법관이 되기 전 몬산토에 고용되어 변호사로 일했다.

1991~1993년 농무부 차관, 2001~2005년 초 농무부 장관을 역임한 앤 베너먼Anne Veneman은 그 기간에 몬산토의 계열사인 칼진의 이사 직도 맡고 있었다.

환경보호청Environmental Protection Agency(EPA) 초대 청장이던 윌리엄 러켈샤우스William D. Ruckelshaus는 몬산토를 비롯해 몇몇 기업의 이사직을 겸하고 있다.

환경보호청 차장으로 일했던 린다 피셔Linda J. Fisher는 몬산토 사의 대정부 로비 담당 부사장Vice President of Government Affairs이 되었다가 현재는 듀폰 사의 안전·보건·환경 담당 부사장Vice President Safety, Health and Environment 겸 지속가능성 부문 책임자Chief Sustainability Officer를 맡고 있다.

마이클 테일러Michael R. Taylor는 1970년대에 미국 식품의약국United States Food and Drug Administration(FDA) 국장 보좌관으로 공직을 시작했다. 1981년 공직을 떠나 법률회사를 차려 몬산토의 자문 변호사로 일하다가 1991년 FDA로 복귀했다. 1994~1996년 농무부 식품안전검사국Food Safety & Inspection Service 국장으로 자리를 옮기더니 그 뒤 몬산토의 대외 사업 담당 부사장Vice President for Public Policy이 되었다. 그리고 2009년에 다시 FDA 수석고문이 되고, 2010년 FDA에 신설된 식량부국장Deputy Commissioner for Foods으로 임명되었다.•

• 각 인물에 대한 영문 위키피디아(http://en.wikipedia.org)의 설명과 미국의 시민단체인 미디어민주주의센터Center for Media and Democracy(CMD)가 운영하는 온라인 자료실 소스워치(http://www.sourcewatch.org/index.php/title=Monsanto%27s_High_Level_Connections_to_the_Bush_Administration; http://www.sourcewatch.org/index.php?title=Ann_M._Veneman) 참조.

제이디 핸슨/Jaydee Hanson, 미국 식품안전센터(CFS)

"미국은 이런 회전문 인사에 갇혀 있다. 이 사업들을 규제하는 주체가 바로 그 사업자들이다. 민주당이든 공화당이든 다르지 않다. 그들은 이런 산업에서 매우 큰 기부금을 받고 있다."

전통 육종 기술에서 GMO로

개발되는 종자

농민들은 이제까지 전통적인 방식으로 종자를 개량하는 '육종'을 해왔다. 수확물 중에서 품질 좋은 씨앗을 골라내거나, 우수한 형질을 얻기 위해서 곤충이나 바람, 사람의 손으로 꽃가루를 옮기는 방법으로 몇 세대에 걸쳐 교배를 시도해서 품질 좋은 종자를 얻어내는 방식이다. 이렇게 생태계에 적응한 우수한 형질을 지닌 '개체'와 그 우수한 형질을 가지도록 만들려는 '개체' 사이의 수정 교배는 상징적으로 가능한 범위 내에서 이루어져왔다.

처음 상업적으로 '개발'된 종자는 잡종 1세대의 강세를 이용한 교잡종이었다. 교잡종은 '품종'이 서로 다른 부계와 모계의 적절한 조합을 통해, 특정한 형질을 고르게 유지할 수 있도록 만들어졌다. 하지만 잡종 1세대에 비해서 2세대는 수확의 양과 질이 크게 떨어지는 문제가 나타났다. 한 번 심어서 거둔 농작물에서 종자를 채취하여 다시 심을 경우 본래의 우수 형질이 고르게 나타나지 않는다(80쪽 각주 '멘델의 유전 법칙' 참조). 그래서 농민이 동일한 품질을 얻으려면 기업에서 판매하는 '개발된' 1세대 종자를 다시 사서 심어야 했다. 밀, 보리, 귀리, 호밀 등을 제외하고 대부분의 농작물에서 교잡종이 보편화하기 시작했다. 교잡종 개발로 종자는 사고파는 것이 되었다. 그리고 종자를 공급하는 역할은 농민이 아닌 기업의 몫으로 옮아가기 시작했다.

GMO는 자연적으로 교배가 불가능한 다른 유전자를 유전자 조작 기술을 통해 삽입한 것으로서, 자연 상태의 변화를 넘어서는 결과물이다. 전통적인 육종은 재배 조건과 생리적 환경 안에서 여러 세대에 걸쳐 우수한 형질을 지닌 종자를 선별하는 방법으로 자연 상태에서 유전자의 재조합이 이루어지도록 하는 것이었다. 반면, GMO 기술은 인위적인 유전자 조합을 가능하게 만들었다.

유전자조작생물체Genetically Modified Organism를 뜻하는 GMO는 인간이 원하는 것을 위해 어떠한 기술의 발전도 허용될 수 있다는 철학을 내포하고 있다. 이러한 철학이 내포되어 있는 GMO의 기술적 가능성과 한계에 대해 찬반 논란이 끊임없이 일어나고 있다.

우선 인간의 목적을 위해서 '원하는 형질을 나타내는 특정한 유전자'를 다른 생명체에 집어넣어 인위적으로 새로운 생명체를 개발하는 것이 과연 윤리적인가 하는 의문이 제기된다. 박테리아가 지닌 독성 유전자를 면화와 옥수수의 유전자에 삽입하여 벌레가 먹으면 죽는 식물을 개발하는 것부터 무르지 않는 토마토, 수박만 한 감자, 보통 크기의 30배가 넘는 슈퍼 연어, 제초제에 죽지 않는 콩, 고농축 비타민을 함유한 채소가 과연 인류의 생활에 꼭 필요한지도 의문스럽다. 단지 인간의 '편리함'을 위해서 새로운 종의 동식물을 개발하는 것이 허용되어야 할까?

게다가 이러한 '편리함'이 과연 효율적인지도 의문스럽다. 매우 정밀한 작업을 요하는 GMO 기술은 수만 번 실험을 거쳐서 단 한 건 성공한다. 오히려 이제까지 교잡종을 비롯한 GMO 종자를 개발하는 데 소요된 시간과 돈이 전통적인 육종을 통한 종자 개발에 투자되었다면 결과가 달랐을 것이라는 주장도 과학자들 사이에서 제기된다. 비록 지금은 구시대적인 유물로 전락했지만 수천, 수만 년 동안 이어져온 종자 개량 방법이 비윤리적인 방법을 동원하지 않고서도 상당한 발전을 가져올 수 있었다는 것이다.

교잡종과 GMO 기술은 새로운 작물을 '발명'한다는 생각을 만들어냈고, 지적 소유권 개념을 종자에 적용하도록 만들었다. 종자에 대한 농민의 권리가 기업이 '소유'하는 권리로 전환된 것이다.

'발명된 GMO'의 위험을 누가 책임질 수 있을까

애기장대(학명 Arabidopsis thaliana)는 유전학 분야에서 실험 재료로 많이 쓰이는 식물이다. 게놈genome•의 수가 적고, 생애 주기가 짧으며, 열매를 많이 맺기 때문에 비교적 조작이 쉬운 것으로 알려져 있기 때문이다. 2004년 과학자들은 애기장대의 2만 5000여 가지 유전자 기능을 곧 판독할 수 있을 것이라고 예측했다.

과학자들의 목표는 유전자가 지닌 비밀을 밝혀서 실제로 식물을 만들어내는 것이었다. 애기장대에 대한 연구가 다른 식물들의 유전자 지도를 설명하는 길을 인도해줄 것이라고 여겨졌다. 이러한 연구에 사용되는 컴퓨터 프로그램은 갖가지 환경 조건을 조절해 식물의 생육과 성장을 통제한다.

과학자들은 생장 시간, 조직의 특이성, 삽입된 유전자의 최적 성능 발현 수준 등을 통제하고자 끊임없이 시도해왔다. 하지만 과학자들의 노력도, 컴퓨터도, 작은 식물 하나를 정복해내지 못했다. 아무리 게놈이 작은 식물이라도 실험실 밖의 들판에 나오는 순간, 컴퓨터 프로그램이 예측할 수 있는 모든 경우의 수를 뛰어

• 유전체遺傳體라고도 하며, 한 생물이나 한 세포가 생명 현상을 유지하는 데 필요한 유전자의 총량을 말한다. 일부 바이러스의 경우에는 RNA로 구성되지만 그 밖의 생물은 DNA에 유전 정보가 담겨 있기 때문에 일반적으로 'DNA로 구성된 전체 유전 정보'를 가리킨다.

넘기 때문이다.

GMO를 개발하는 과학자들과 기업의 논리는, 모든 생명체에 대해서 유전자 지도를 통해 모든 설명이 가능하다는 생각에서 출발한다. 그렇기 때문에 유전자를 조작할 수 있는 기술을 개발한 자신들이, 조작된 생명체에 대한 소유권을 가질 수 있다고 주장한다. 하지만 유전자조작을 통해서 만들어진 것이 과연 식물인가 혹은 동물인가, 아니면 공산품과 같은 실험실의 발명품인가를 두고 사회적, 철학적, 그리고 윤리적인 논란이 끊이지 않고 있다.

GMO에 찬성하는 이들이 생명공학 기술로 전 세계의 기아를 해결하는 낙관적인 미래를 제시하는 데 반해, 많은 과학자들은 GMO가 원자력과 핵전쟁을 넘어서는 위험물이 될 것이라고 경고한다. 옥수수를 육종하는 것과 해파리 유전자를 원숭이에게 집어넣는 것은 차원이 다르기 때문이다.•

유전자의 발현은 유동적이고, 환경과 끊임없이 상호작용을 한다. 그렇기 때문에 똑같은 방법을 거친다 하더라도 매번 다른 결과물이 나타나게 된다. 그리고 그 결과물은 반드시 예측한 대로

• 2001년 1월 과학잡지 《사이언스》에 발표된 바에 따르면, 미국 오리건 주 영장류 센터의 제럴드 섀튼Gerald Schatten 박사 연구팀은 해파리의 발광 유전자를 붉은털원숭이 난자에 이식하는 데 성공했고, 그 결과 인공 수정으로 유전자변형 원숭이 '앤디'가 탄생했다. '앤디ANDi'라는 이름은 '주입했다'는 뜻의 영어 단어 insert의 머리글자 i와 DNA를 합친 iDNA를 거꾸로 쓴 것이다. 현재 피츠버그 대학 교수인 제럴드 섀튼은 2005년 한국의 황우석 박사와 관련해서 학문 윤리 문제로 논란에 휩싸인 바 있다.

나타나지 않는다. 일단 실험자가 원하는 위치에 DNA가 정확히 삽입되기 어렵다. 또한 삽입된 DNA와 주위 유전자가 서로 예기치 않은 반응을 보일 수도 있다. 설사 안전성 검사를 통과했다 하더라도 불안전한 유전자 구조 때문에 세대를 거듭하면서 그 성질이 완전히 바뀌기도 한다.

그래서 일부 과학자들은 GMO를 프랑켄푸드Frankenfood라고 부른다. 프랑켄슈타인 박사가 자신이 만든 괴물을 결국 통제할 수 없었던 것처럼, 실험실을 벗어난 종자들은 이미 과학자들이 통제할 수 있는 범위를 넘어서고 있다는 의미다.

라운드업과 라운드업레디의 모순

GMO 종자 개발은 모든 것을 뚫을 수 있다는 창과 모든 것을 막을 수 있다는 방패가 나오는 옛이야기를 떠오르게 한다.

애초부터 몬산토의 종자 개발은 자사 상품인 제초제의 판매와 개발을 뒷받침하기 위해서 이루어진 것이었다. 라운드업은 주위의 모든 식물을 죽일 수 있을 정도로 강력한 독성을 띤다. 그러나 라운드업레디 콩은 이 제초제에도 죽지 않는다. 신젠타가 개발한 '리버티Liberty'라는 제초제와 옥수수 종자 '리버티링크Libertylink'의 관계도 마찬가지다.

데런 윌리스/몬산토 홍보팀장

"라운드업은 농부들이 광범위하게 사용해온 제초제로, 300종 넘는 잡초를 제거한다. 라운드업레디는 몬산토의 과학자들이 발명한 기술로, 농부들이 라운드업(농약)을 작물에 뿌렸을 때 작물에는 해를 주지 않으면서 잡초만 제거할 수 있도록 만들어졌다."

그러나 모든 풀을 죽일 수 있다는 제초제를 뿌려도 살아남는 슈퍼 잡초가 나타났다. 슈퍼 잡초를 없애기 위해 농민들은 시간이 지날수록 제초제를 더욱 많이 뿌리게 되었다. 그렇게 제초제 홍수를 맞고도 살아남은 콩이 과연 인간이 먹을 수 있는 씨앗인 걸까? '모순'이라는 말과 같이 창과 방패 둘 다의 승리는 오지 않았다.

잡종 벼, 스스로 죽는 터미네이터 종자 그리고 트레이터 종자

종자기업들은 아시아에 진출하기 위해서 오랫동안 벼의 1세대 잡종 개발에 주력해왔다. 벼 종자는 본래 이듬해 다시 파종할 수 있기 때문에, 기업들은 농민이 해마다 종자를 사도록 만들기 위해서 각종 기술 개발에 몰두했다. 마침내 기업들은 식물 유전자의 발현을 조절할 수 있게 되었고, DNA를 선택적으로 설계해서 수확물이 종자로 다시 싹을 틔울 수 없도록 만들었다. 모든 종류의 식물과 종자에 이러한 기술을 적용하는 것이 가능해졌다. 콩, 토마토, 고추, 밀, 쌀, 옥수수와 같은 식량 종자들을 스스로 번식하지 못하는 씨앗으로 탈바꿈시킬 수 있게 된 것이다. 터미네이터 기술의 개발이다.

이러한 극단적인 기술로 만들어진 잡종 벼 터미네이터 종자는 수확을 마치면 파괴되도록 유전적으로 조작되어 있다. 벼 종자에 새로 삽입된 유전자가 씨앗이 여물기 전에 스스로 독소를 배출하여 배아가 파괴되도록 고안된 것이다. 기업이 판매하는 1세대 종자는 정상적으로 발아해 자랄 수 있지만, 수확된 2세대는 (단순한 교잡종 2세대처럼 단지 수확량이 떨어지는 게 아니라) 종자로서 스스로를 재생산하는 능력이 아예 원천적으로 차단된다. 이 기술에 대한 특허는 어떤 식물에도 터미네이터 유전자를 삽입할 수 있도록 허용한다. 만약 이 기술이 모든 농산물에 사용된다면, 농민이 수확물을 이듬해 재파종하는 것은 원천적으로 불가능해진다.

트레이터 기술Traitor Technology이라는 것도 개발되었다. 1990년대 말 유전공학 기업들이 개발한 '형질 특이적 유전자 사용 제한 기술'이라는 것이다. 이 기술은 식물의 번식력뿐 아니라 유전적인 특징까지 통제 범위에 둔다. 특정 유전자와 연결되는 '촉진자(프로모터promoter)'를 식물 세포에 주입하여, 특정한 화학적 유도 물질을 쓸 때에만 촉진자가 활성화하도록 하는 기술이다. 곧 화학적 유도 물질을 이용해서 식물의 생장을 통제하는 기술인데, 어떤 종자를 심어 수확하려면 반드시 특정한 화학물질이 필요하도록 만드는 것이다. 예를 들어 몬산토와 신젠타가 판매하는 종자는 그 기업들이 각각 판매하는 화학물질을 사용할 때에만 해충이나 돌림병 같은 병해에 강한 속성을 발휘할 수 있다. 기술이 발전할수록 '편리함'이 커지는 것이 아니라, 기술과 그것을 개발한 기업에 농민이 '예속'되는 현상만이 늘어나는 것이다.

터미네이터 기술과 트레이터 기술은 자연 상태에서 예상치 못한 결과를 야기할 수 있다. 곤충이나 바람이 꽃가루를 옮겨 터미네이터 종자로 재배된 작물과 자연 상태의 식물이 수정된다면, 자연 상태의 식물을 터미네이터 식물로 만들어버릴 위험이 있다. 그리고 트레이터 종자에서 촉진자를 활성화시키는 유도 물질이 반드시 개발자의 의도대로 실험실 안에만 존재하는 것이 아니다. 실험실에서 모든 조건을 철저하게 통제할 수 있다는 믿음과는 다르게, 생태계는 얼마든지 변화한다. 화학물질에 내성을 지닌 식물이 나타날 수도 있으며, 살충 성분에 내성을 지닌 해충이 대규모로 나타날 수도 있다.

전 세계에 확산되는 GMO

GMO 재배 면적의 확대

2002년, 브라질에서는 GMO 농작물 재배가 승인 유보된 상태였는데도 이미 국토 남단의 히우그란지두술Rio Grande do Sul 주 전 지역, 그 북쪽의 파라나Paraná 주와 마투그로수Mato Grosso 주까지 라운드업레디 콩 재배가 확산되어 있었다. 그리고 2003년 룰라 대통령은 취임 첫해에 라운드업레디 콩의 재배와 시판을 허용했다. GMO 불법 재배가 합법화되자마자 몬산토는 라운드업레디 유전자에 대한 특허권을 주장하면서 라운드업레디 콩 생산·수출·가공 업체들과 협상을 시작했다. 결국 라운드업레디 콩 생산자들은 판매상과 수출업자에게 수확물을 납품하는 시점에 맞추어 몬산토에 특

연도별 GMO 작물 재배 면적(1996~2011년)

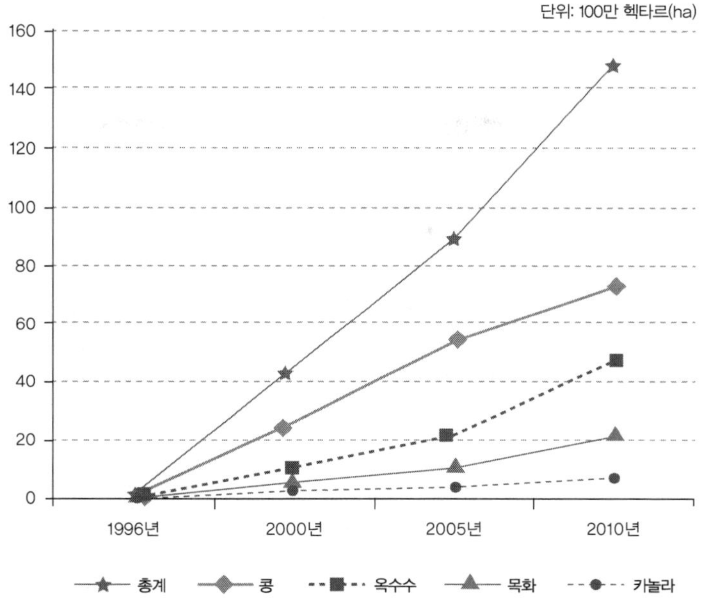

	1996년	2000년	2005년	2010년
콩	0.5	25.8	54.4	73.3
옥수수	0.3	10.3	21.2	46.8
목화	0.8	5.3	9.8	21
카놀라	0.1	2.8	4.6	7
총계	1.7	44.2	90	148.1

출처 : Clive James, "Global Status of Commercialized Biotech/GM Crops" *ISAAA Brief*, No. 43, p. 5.

찰스 벤브룩/Charles Benbrook, 전前 미국 과학위원회National Academy of Sciences(NAS) 이사, 오리건 유기농센터Organic Center in Oregon 수석연구원, 워싱턴 주립대 농작물토양과학부Crop and Soil Sciences Department 겸임교수

"상당한 경지면적에 GMO 종자를 심은 나라가 많다. 이런 지역에서 종자가 성장할 가능성은 크지 않다. 성장 잠재력은 새로운 GMO 작물을 개발하는 데 있다. 쌀, 밀 같은 것들 말이다. 그리고 현재까지 GMO 종자 재배를 불허하는 한국과 유럽 국가들로 GMO 종자 판매 시장을 확대하는 것이다."

허사용료를 지급해야 한다는 계약을 체결하게 되었다.

특허사용료는 2003년 첫해에 1톤당 10달러로 책정되었지만, 2004년에는 20달러로 인상되었다. 2003년 브라질에서 생산된 대두의 30퍼센트가 GMO였으므로 라운드업레디 콩 생산량은 1600만 톤에 달했다고 추산할 수 있고, 몬산토는 첫해에만 1억 6000만 달러를 특허사용료로 거둬들였다.

'농업생명공학 응용을 위한 국제 서비스International Service for the Acquisition of Agri-biotech Applications(이하 ISAAA)'에 따르면 1996년 전 세계의 GMO 작물 재배 면적은 6개 나라의 170만 헥타르에 불과했으나, 2010년에는 25개국, 1억 4800만 헥타르로 확대되어, 세계 전체 농지 면적의 9.5퍼센트를 차지하기에 이르렀다. 매년 약 10퍼센트에 가까운 증가세를 보이는 GMO 재배 면적은 최근 브라질에서 크게 늘고 있다.

작물별로는 콩이 가장 많아서 약 7300만 헥타르에서 재배된다. 이어서 옥수수가 4600만 헥타르, 면화(목화)가 2100만 헥타르, 유채(카놀라)가 700만 헥타르에서 재배된다. 전 세계에서 재배되는 콩의 71퍼센트, 옥수수의 29퍼센트, 면화의 65퍼센트, 유채의 22퍼센트가 GMO 작물이다. 특히 농산물을 대규모로 수출하는 미국, 브라질, 아르헨티나의 경우, 작물에 따라서 다소 차이가 있으나 대체로 각 작물 재배 면적의 80퍼센트 이상을 GMO가 차지한 것으로 나타났다.

주요 국가별·작물별 GMO 재배 면적(2011년 말)

단위: 100만 헥타르(ha)

국가	작물	전체 재배면적(A)	GMO 재배면적(B)	비중(B/A)(%)
미국	옥수수	37.4	33.9	88
	콩	30.5	29.2	94
	목화	5.4	4.9	90
	사탕무	0.5	0.475	95
	카놀라	0.462	0.37	80
브라질	콩	25.0	20.6	83
	옥수수	14.0	9.1	65
	목화	1.55	0.606	39
아르헨티나	콩	19.1	19.1	100
	옥수수	4.6	3.9	85
	목화	0.69	0.675	98
인도	목화	12.1	10.6	88
캐나다	카놀라	8.0	7.7	96
	옥수수	1.4	1.3	93
	콩	1.6	1.3	81
중국	목화	5.5	3.9	71
파라과이	콩	2.9	2.8	97
파키스탄	목화	3.2	2.6	81
남아공	옥수수	2.6	1.87	72
	콩	0.45	0.382	85
우루과이	콩	1.1	1.1	100
	옥수수	0.17	0.15	93

ISAAA(2011) 자료를 재가공하여 정리한 것으로 수치는 반올림하였음. 출처 : 국립종자원.

GMO를 재배하는 면적이 가장 넓은 나라는 미국으로, 전 세계 GMO 재배 면적의 40퍼센트가량을 차지한다. 미국의 뒤를 이어 브라질, 아르헨티나, 캐나다, 인도, 중국 순으로 재배 면적이 넓은 것으로 나타난다.

국가별 GMO 작물 재배 면적(2012년)

순위	국가	면적 (100만 ha)	GMO 작물
1	미국	69.5	옥수수, 콩, 목화, 카놀라, 사탕무, 알팔파, 파파야, 호박
2	브라질	36.6	콩, 옥수수, 목화
3	아르헨티나	23.9	콩, 옥수수, 목화
4	캐나다	11.6	카놀라, 옥수수, 콩, 사탕무
5	인도	10.8	목화
6	중국	4.0	목화, 파파야, 포플러, 토마토, 피망
7	파라과이	3.4	콩, 옥수수, 목화
8	남아공	2.9	옥수수, 콩, 목화
9	파키스탄	2.8	목화
10	우루과이	1.4	콩, 옥수수
11	볼리비아	1.0	콩
12	필리핀	0.8	옥수수
13	오스트레일리아	0.7	목화, 카놀라
14	부르키나파소	0.3	목화
15	미얀마	0.3	목화

전 세계 GMO 재배 국가 중 상위 15개국의 자료임. 출처 : Clive James, "Global Status of Commercialized Biotech/GM Crops", *ISAAA Brief*, No. 44.

몬산토가 후원하는 댄포스식물과학센터Donald Danforth Plant Science Center

GMO 쌀과 GMO 밀까지

최근의 식량 위기를 계기로, 가공용이나 사료용으로 소비되는 콩과 옥수수뿐만 아니라 사람이 직접 섭취하는 쌀과 밀까지 GMO 종자 재배가 가능하도록 만들려는 움직임이 강하게 나타나고 있다. ISAAA의 의장을 맡고 있는 클리브 제임스Clive James는 GMO 작물이 지난 12년 동안 주로 아메리카 대륙에서 상업적으로 재배되었지만 앞으로 10년은 아시아의 해가 될 것이라고 호언한다. GMO의 전도사 역할을 수행하는 그의 이러한 발언은 GMO 재배가 쌀로 확대될 것을 전망한 것이라고 생각할 수 있다.

그런데 바이엘크롭사이언스Bayer CropScience 사가 1990년대 후반부

댄포스센터에 있는 GMO 벼 시험 재배장

터 시험 재배했던 GMO 쌀 LL601은 2001년 개발이 중단되었다. 미국의 아칸소 주와 미주리 주에서 GMO가 아닌 쌀을 경작하던 농민들은 자신들의 쌀이 GMO에 오염되었다는 사실을 발견했기 때문이다. 2006년 미국 농무부는 LL601을 폐기하지 않고 도리어 판매를 허용했다. 미국 농민들이 집단 소송을 내는 등 1만 5000건에 이르는 이의 제기가 이루어졌는데도 바이엘크롭사이언스는 아무런 규제도 받지 않았다.

중국과 필리핀 그리고 인도에서도 GMO 쌀을 개발하고 있다. 중국 정부는 2009년 11월 살충성 GMO 쌀의 생물안전증명서를 발급했다. 등록과 시험 재배 등 남은 과정을 거치면 곧 공식적인 상업 재배가 가능할 것으로 보인다. 우리나라 역시 농촌진흥청에서 살충성 Bt벼 개발을 완료하고 2011년부터 안전성 심사를 추진하고 있다. 향후 4, 5년 이내에 상업화가 가능하도록 하는 것이 목표다. GMO 쌀이 우리 밥상에 올라올 날이 머지않았다는 얘기다.

밀도 마찬가지다. 이미 몬산토는 GMO 밀을 상업적으로 판매하기 위해서 수억 달러에 달하는 자금을 쏟아부었지만 2004년 시장 판매 계획을 포기한 바 있다. GMO 밀이 오히려 시장에서 거부당할 수 있다는 우려와 안전성을 의심하는 시민단체들의 저항이 거세게 일어났기 때문이다. 비록 GMO 밀의 상품화는 중단되었지만 몬산토는 미국 아이다호와 캘리포니아에서 시험 재배를 계속하면서, 이른바 시장 여건이 호전되기를 엿보고 있다. 2008년 2월에는 미국소맥협회U.S. Wheat Associates에서 GMO 밀을 받아들일 여건이 조성되었다고 발표했다. 식량 위기를 기회로 GMO의 식탁 점령 작전이 본격화하고 있다고 봐도 될 것이다.

먹거리에서 산업 원료로

공장형 식품 원료, GMO

옥수수의 원산지인 멕시코에서 옥수수는 영양가 높은 단백질과 탄수화물 공급원이었다. 하지만 옥수수가 대량생산되자 옥수수는 본래의 먹거리가 아니라 공장에서 가공되는 식품의 원료가 되었다. GMO 옥수수는 소비자들의 건강 증진을 위해 영양가를 높이려고 개발된 게 아니라, 대량생산에 적합하도록 만들어진 것이다.

대량생산된 옥수수는 대부분 고과당高果糖 옥수수 시럽(액상 과당)이나 콜라 같은 탄산음료의 원료로 사용된다. 또 연료인 에탄올의 재료가 되거나 동물의 사료로도 사용된다. 저렴한 옥수수의 대량생산은 쇠고기의 대량생산을 가능하게 해주었다. 이렇게

우리 식탁에 올라오는 GMO 식품들

품명	가공된 제품
콩	장류(간장, 된장, 고추장, 쌈장 등) 두부류(두부, 유부 등), 콩나물 콩가루 함유 가공식품(과자류, 빵류), 콩 통조림 콩 단백 함유 식품(두유, 대두버터, 마요네즈, 스파게티, 마카로니, 각종 향신료, 소시지, 베이컨, 커피크림)
옥수수	옥수수 통조림(콘 샐러드) 옥수수유 콘 스낵, 팝콘, 아침식사용 시리얼 물엿 및 물엿 함유 가공식품(과자류, 빵류, 맥주, 콜라, 사이다, 수프, 당면, 팥소 등)
토마토	케첩, 토마토 주스, 각종 소스(스파게티, 파스타, 피자용)
감자	감자 스낵(포테이토칩 등), 감자튀김, 감자 전분 함유 가공식품
면실(면화씨)	식용 면실유(땅콩버터, 스낵류 등)
유채	카놀라유(샐러드드레싱, 과자류, 마가린 등)
치커리	커피 대용 치커리차
기타	이유식(콩, 옥수수 함유), 채소치즈(유전자조작효소 사용)

GMO 개발은 종자를 사유화하는 데서 시작해 먹거리 생산 과정 전체에 대한 기업의 장악력이 확대되는 방향으로 흘러왔다.

고부가가치 3, 4세대 GMO

제초제 내성 혹은 살충성을 지닌 콩과 옥수수, 면화, 유채가 1세대 GMO 작물이다. 이제 2세대 GMO 작물로 비타민 같은 영양 성분이 강화된 쌀이나 옥수수와, 가뭄과 같은 재해에 영향을 받지 않는 채소 등이 개발되어 상품화를 앞두고 있다. 의약품과 공업 제품 생산을 위한 GMO 개발 역시 진행되고 있다.

1세대 GMO 개발은 식량 작물의 대량생산에 초점이 맞춰져 먹거리 안전을 위협하고 기업이 폭리를 취한다는 비난을 받아왔다. 하지만 2세대 GMO 개발은 먹거리 전반에 대한 인식의 혼란으로 확산될 소지가 있다. 또한 3~4세대 GMO가 건강이나 치료를 목적으로 개발되고 있어 판단의 경계가 더욱 모호해지고 있다.

2002년 미국의 《타임》지가 선정한 '올해의 발명품' 중에 의료 분야에서 최고로 꼽힌 발명품은 애리조나 주립대학에서 개발한, 설사 치료제로 쓸 수 있는 토마토 종자였다. 백신이 비싸기 때문에 전 세계적으로, 특히 가난한 나라에서 직접 재배해서 먹을 수 있는 농작물 백신으로 각광받았던 것이다. 한국생명공학연구원에서도 2008년 유전자조작을 통해 치매 예방 효과가 있는 토마토를 개발하여 동물 실험까지 마친 상태다.

GMO 종자 개발은 이미 파종에서 식탁에 이르기까지 우리 식생활 전반에 영향력을 미치고 있으며, 점차 건강과 의료 영역으로 깊숙이 들어오고 있다. 기술에 대한 정보는 더욱 복잡해지고, 농민과 소비자 들은 더욱 깊은 혼란에 빠지게 된 것이다.

GMO에 관한 거짓말과 진실

GMO 개발의 논리

기업들이 GMO를 개발해야 하는 이유로 내세우는 가장 설득력 있는 논리는 인구가 급속히 늘어나면서 부족해지는 식량을 '발명된 종자'를 통해 해결할 수 있다는 것이다. 지금까지 식량을 증산하기 위해서는 경지면적을 확대하고, 화학비료와 농약을 쏟아붓고, 통일벼와 같은 다수확 품종을 개발해왔다. 하지만 이용할 수 있는 농지의 면적이 한정되어 있고, 화학비료와 농약은 안전성에 문제가 있으며, 다수확 품종도 한계가 있었다. 미래에 대한 불안과 생명공학 기술에 대한 신뢰를 바탕으로 종자 산업은 새로운 부가가치 산업으로 촉망받고 있고, 세계 각국은 종자 자원을 선점하기 위해서 적극 나서고 있다.

종자 개발이 세계 식량 문제를 해결할 수 있다는 주장은 개발된 종자가 재배하기 편리하고 수확량도 많으며, 비용은 적게 드는 반면 안전하다는 것을 근거로 삼는다. 그런데 이 주장은 과연 사실에 근거하고 있을까?

GMO 종자는 편리하다?

아르헨티나에서 GMO 콩은 '직접 파종한다'는 편리한 기술을 동반한다고 선전된다. 직접 파종용 기계는 자동으로 땅에 구멍을 파고 그 안에 콩 종자를 넣고 흙을 덮어준다. 사실상 농민들의 노동력을 절감해주는 파격적인 기술이 등장한 것이다. 물론 이 종자를 가지고 농사를 지으려면 특별히 제작된 기계를 추가로 구입해야 한다. 앞으로 소득이 늘어날 것이기 때문에 빚을 지더라도 얼마든지 갚을 수 있을 것이라고도 여겼다.

몬산토는 직접 파종용 기계를 판매할 때 작동법을 가르쳐주면서 농민들이 GMO 콩을 재배하도록 유도했다. 그러나 GMO 콩 종자를 파종했던 자리에는 해충과 잡초가 들끓었다. 제초제와 살충제 같은 농약이 더 많이 필요했다. GMO 콩을 판매하는 몬산토는 농민들이 자사 종자와 농약을 살 수 있도록 신용 대출해주었다. 농민에게 GMO 종자와 부채라는 예속의 굴레를 씌운 것이다.

GMO 콩의 확산은 1장에서 살펴본 바와 같이 아르헨티나 소농층을 해체하는 결과를 가져왔다. 과거 많은 농민이 농사짓던 넓은 땅이 소수의 농민이 기계를 활용해 경작하는 땅으로 바뀌었다. 다수 소농을 중심으로 한 생산체계가 극소수 대농장 생산체계로 급속히 전환되었다. GMO 콩이 뒤덮은 땅에 이제 농민들은 사라지고 종자를 판매하는 기업의 편리함만이 살아남은 것이다.

GMO 종자는 제초제 사용을 줄인다?

이미 앞에서 살펴본 바와 같이, GMO가 농약 사용을 줄여준다는 광고와 달리 실제 농약 사용은 줄지 않는 것으로 나타났다. 라운드업레디 경작이 확대되면서 제초제 사용이 세 배 이상 증가했다는 연구 결과도 있다. 농약 사용량은 인도에서도 아르헨티나에서도 결코 줄어들지 않았다. 오히려 인도의 가루깍지벌레(밀리버그)와 같은 슈퍼 해충을 불러왔다. 이미 농약에 내성을 지닌 해충은 농약을 아무리 뿌려도 없애기 어렵고, 농약을 사용하면 할수록 슈퍼 해충이 나타날 확률은 더욱 높아지게 된다.

살충성 GMO뿐만 아니라 제초제 내성 GMO 역시 마찬가지 결과를 가져왔다. 미국에서는 제초제에 내성을 띤 돼지풀, 말풀 같은 슈퍼 잡초가 나타났다. 농민들은 수확량이 줄까 봐 제초제 사용량을 다시 늘렸다. 슈퍼 잡초의 출현은 농약 사용량을 늘리는 한편 새로운 제초제 개발의 명분이 된다. 제초제가 종자 개발을 부르고, 종자 개발이 더욱 강력한 제초제 개발을 부르는 것이다.

GMO 종자는 영농 비용을 줄인다?

미국 시장을 거의 독점하다시피 하고 있는 몬산토의 라운드업레디는 일반 종자의 두 배 가까운 값을 치러야만 구입할 수 있다. 또한 반드시 라운드업 제초제와 함께 구매해야 한다. Bt면화와 마찬가지로 몬산토의 GMO 콩과 GMO 유채도 수확량을 크게 늘려주지 않았다. Bt옥수수의 경우 수확량이 늘기는 했지만 추가로 소요되는 생산비를 벌충하기에는 충분하지 않았다.

풍부한 수확을 보장하는 GMO 종자가 전 세계를 먹여 살린다는 선전과 달리, GMO 종자는 더욱 많은 사람을 가난하게 만들고 있다. 종자를 구매하는 그 순간부터 과거 농민들이 스스로 종자를 채종하던 때와 달리 새로운 비용을 추가로 지출해야 하는 반면 소득은 늘어나지 않기 때문이다. 비싼 종자 값, 농약과 비료 사용 증가에 따른 비용 부담, 기술 특허사용료 지불, 때로는 수확량 감소, 그리고 수확물이 늘 경우에도 가격이 하락하는 동반 피해를 입게 되는 것이다.

GMO는 안전하다?

전 세계적으로 재배되는 GMO 농산물로 콩, 옥수수, 면화, 유채를 들 수 있다. 그리고 사탕무, 알팔파, 감자, 쌀, 밀, 멜론, 레드치커리, 토마토, 호박, 아마, 파파야도 이미 GMO 종자가 개발되어 있다. 2011년 5월 기준으로 우리나라에서 안전성 심사를 거쳐 수입 허용된 GMO 농산물은 콩, 옥수수, 면화, 유채, 사탕무 5개 작물 66개 품목이 있다.

식품으로 사용되는 GMO의 안전성은 신규성•, 알레르기성, 항생제 내성, 독성 등에 대해 실험을 통해 얻은 데이터를 기반으로 평가된다. 하지만 이들 GMO 농산물이 예기치 않은 환경에 의해 나타날 수 있는 변이나 촉진자 활성화, 시간이 지난 후에 형질이 전환될 가능성에 대한 검사는 이루어지지 않으며, 확인 자체가 불가능하다. 지금의 GMO 안전성 검사는 DNA 염기 배열, 독소, 알레르기에 대한 정보만을 근거로 할 뿐 예기치 못한 결과가 발생할 가능성에 대해서는 염두에 두지 않기 때문에 안전성 검사 자체에 대해서도 논란의 여지가 큰 것이다.

• 어떤 성분이 기존의 품종에는 없는 것이거나 양이 크게 다른 경우, 그 차이를 신규성으로 본다. 신규성에 대한 판단에 따라 필요한 안전성 평가의 범위와 정도가 제시된다. 따라서 신규성에 대한 판단 자체가 안전성 평가는 아니다. 식품의약품안전청, 《유전자재조합 식품의 올바른 이해》, 1998 참조.

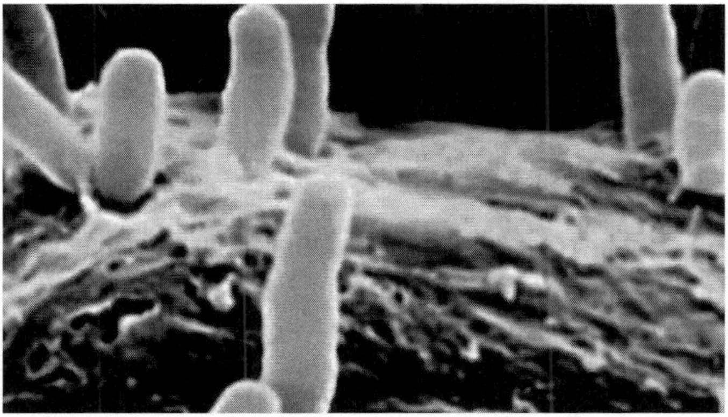

Bt균

유럽연합, 일본, 중국과 함께 우리나라에서도 식품에 GMO 사용 여부를 표시하도록 의무화하고, GMO의 안전 관리나 시장 유통을 규제하고 있고,• 결과적으로 GMO는 주로 저가 식품의 원료로 사용된다. 이런 사실 자체가 현재로서는 안전성을 담보할 수 없음을 정부 당국 스스로 인정하는 셈이다.

GMO가 안전하다는 주장을 내세우는 이들은 그동안 사람들이 GMO를 먹어왔지만 문제가 일어난 적이 없기 때문이라는 논리를 내세운다. 하지만 살충성을 띤 유전자를 지닌 GMO 농산물의 경우, 이것을 먹은 벌레를 죽이는 성분이 들어 있기 때문에 인간에게도 안전하지 않을 수 있다는 우려가 제기된다. Bt농산물을 섭취

• 농림축산검역본부 홈페이지 http://www.qia.go.kr/plant/lmo/plant_lmo_fore_nat.jsp 참조.

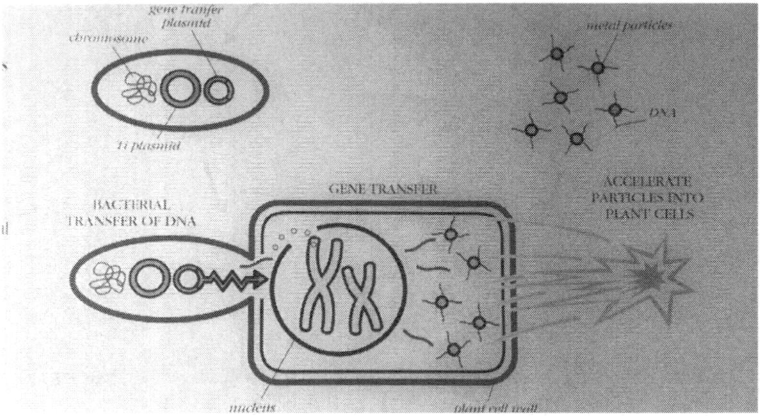

유전자 조작

한 곤충은 소화기관에 구멍이 뚫려 죽는다. 면화와 옥수수의 유전자조작에도 주로 이용되는 Bt균(바실루스 투린기엔시스)은 생물학무기에 사용되는 탄저균(학명 바실루스 안트라시스 Bacillus anthracis)과 같은 속屬이다. 속이 같다는 것은 혈통이 가깝다는 말이다. 일부 과학자들은 만약 탄저균이 수평적인 유전자 전이를 통해서 Bt작물의 Bt유전자를 받아들인다면 새로운 탄저균으로 형질 전이가 일어나 예측할 수 없는 결과를 낳을지 모른다고 경고한다.

1999년 미국 코넬 대학교의 로지 John E. Losey 교수와 연구진은 Bt옥수수 밭 근처에서 제왕나비 개체 수가 줄어든다는 연구 결과를 보고한 바 있다. 제왕나비 애벌레가 옥수수 꽃가루를 먹고는 생육이 저해되거나 높은 치사율을 보였다는 것이다. GMO 농작물이 만들어내는 독소는 해충에게만 선택적으로 적용되지 않는다. Bt

균의 독소는 쥐, 나비, 풀, 잠자리와 같은 동식물 생태계에도 해로운 반응을 보이는 것으로 나타났다. 생태계는 복잡하게 얽혀 있어서 생물 종 하나가 급격하게 줄어들면 먹이사슬로 연결된 다른 종에까지 심각한 영향을 미칠 수 있다.

농사 현장에서는 Bt균으로 만든 살충제를 분무기로 뿜기도 한다. 이렇게 뿜어진 약물을 맞은 농민의 피부에 알레르기 반응이 나타난 사례도 보고되었다. 또한 Bt농산물에 포함된 항생제 내성 유전자가 인간의 장내 세균에 전이될 가능성이 제기되는 등 부작용에 대한 논란이 끊이지 않는다.

1998년, 영국 로웨트연구소Rowett Institute의 아파드 푸스타이Arpad Pusztai 박사는 쥐에게 렉틴lectin 유전자를 삽입한 GMO 감자(상품화되지는 않았음)를 먹이는 실험을 진행했다. 그 결과, GMO 감자가 쥐의 발육 기능과 면역력, 위장 기능 등에 나쁜 영향을 끼쳤다고 발표했다. 렉틴은 진딧물이나 선충류의 공격으로부터 식물을 지키는 작용을 하는 단백질로, '잭콩jack bean'에서 정제된 렉틴은 이들 곤충의 면역 세포에 대해 독성을 띠는 것으로 알려져 있다. 푸스타이 박사는 110일 동안 렉틴 유전자를 삽입한 GMO 감자를 먹인 실험군과 일반 감자를 먹인 대조군 생쥐들을 비교 분석했다. 그 결과 GMO 감자를 먹은 생쥐들에게서 면역계 손상과 장기의 크기가 달라지는 변화가 나타났다. 쥐는 형태학적인 구조와 생화학적인 구조가 인간과 유사하기 때문에 푸스타이 박사의 실험 결과는 국제적으

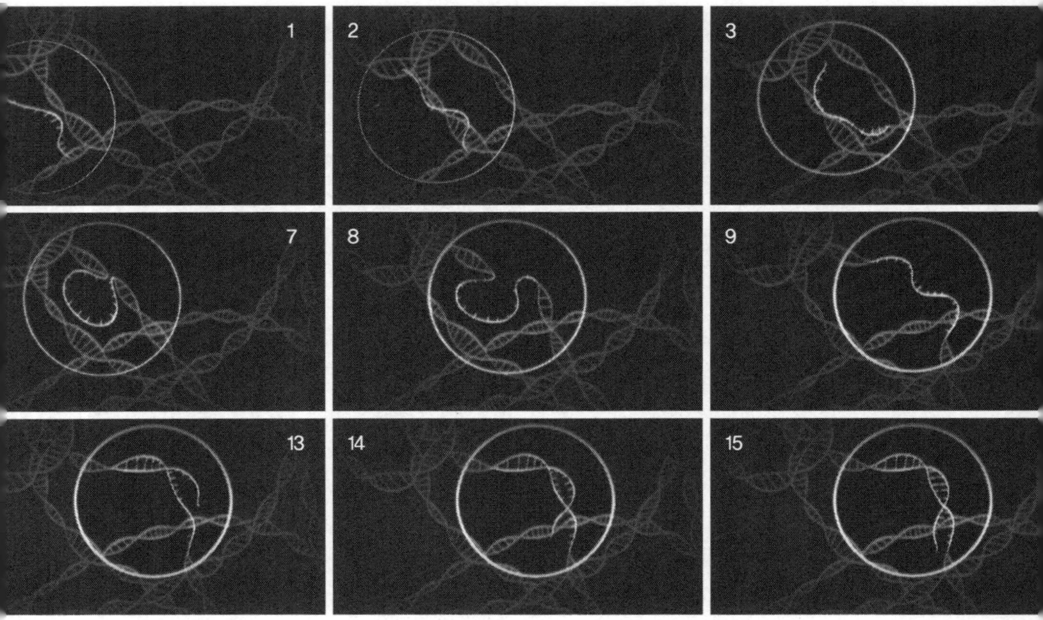

로 GMO의 안전성 논란을 불러일으키는 계기가 되었다. 1998년 10월 로웨트연구소가 푸스타이 박사의 실험 결과를 검증한 후에 푸스타이 박사의 결론 도출 과정에 잘못이 있었다고 발표하는 등 실험 조건의 타당성에 대한 논란도 이어졌다. 그러나 2006년 13개 나라의 과학자 22명은 푸스타이 박사의 실험을 재연한 후 공개적으로 그의 실험 결과를 지지하는 입장을 발표했다.

미국 소비자연맹Consumers Union(CU)의 수석연구원 마이클 핸슨Michael Hansen도 GMO 작물 섭취로 실험쥐들에게 통계적으로 주목할

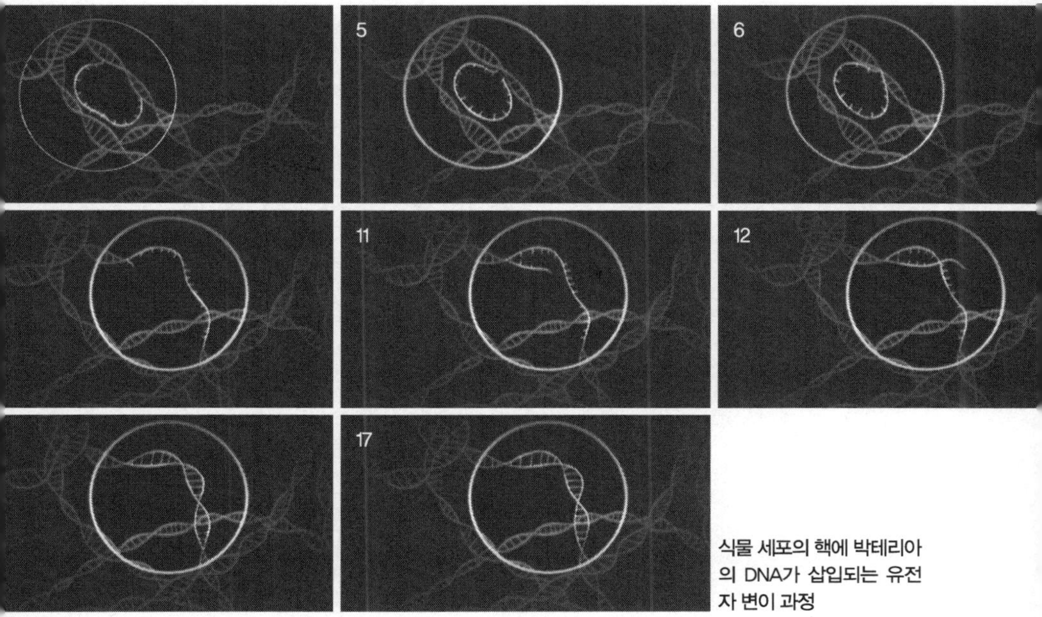

식물 세포의 핵에 박테리아의 DNA가 삽입되는 유전자 변이 과정

만한 결과, 특히 여러 장기의 축소 현상이 나타났다고 밝혔다.

GMO 종자의 생태계 유출

모든 생물이 공존하며 서로 영향을 미치는 순환의 원리를 생각할 때, GMO로 인한 생태계의 변화는 지금의 과학기술로 예측하기 어렵다. GMO를 개발하는 초국적 기업들은 엄청난 경제적 이익을 독차지하는 반면, GMO로 말미암아 발생할 수 있는 생태계와 인류 건강의 위험은 사회 전체가 떠안게 된다. GMO는 직접 파종하지 않더라도 바람이나 새, 곤충을 매개로 자연 수정을 통해 전이되어 이른바 유전자오염을 퍼뜨릴 수 있기 때문에 더욱 위험하다.

쌀이 한국인에게 주식 이상의 의미를 지니듯 멕시코인들에게는 옥수수가 그러한 의미를 지닌다. 멕시코와 중앙아메리카에는 신이 옥수수로 사람을 창조했다는 신화도 전해진다. 옥수수로 만드는 멕시코 요리는 605종에 달한다.

그런데 멕시코가 세계 최대 옥수수 생산국인 미국에서 옥수수를 수입하면서 문제가 생겼다. 매년 미국산 옥수수 600만 톤가량이 멕시코에 수입되는데, 이 중 40퍼센트가 GMO 옥수수다. 멕시코는 1992년 미국, 캐나다와 체결한 북미자유무역협정(NAFTA) 때문에 미국산 옥수수의 수입을 막을 수 없다. 또한 정부로부터 보조금을 받으며 생산되는 미국산 옥수수는 멕시코 시장에서 일반 옥수수의 절반 값에 팔리기 때문에 1994~2002년에 멕시코 옥수수 가격은 44퍼센트나 하락했고, 결국 수많은 영세 농민이 어려움에 처했다. 2007년 미국은 생산된 옥수수의 11퍼센트를 멕시코로 수출했고, 이를 통해서 5억 달러를 벌어들였다. 같은 해 멕시코에서 소비된 전체 옥수수의 30퍼센트가 미국산이었다.

2001년 9월 18일 멕시코 환경부 장관은 22개 농촌 지역을 대상으로 옥수수를 분석한 결과, 이 중 13개 지역에서 채취한 샘플의

3~10퍼센트 수준에서 유전자오염이 발생했다고 발표했다. 2002년 멕시코 생태학연구소에서 푸에블라 주와 오악사카 주의 22개 지역에서 채취한 옥수수의 표본을 분석했을 때도 11개 표본에서 3~13퍼센트 유전자가 오염된 것을 확인했으며, 또 다른 4개 표본에서는 20~60퍼센트에 이르는 오염도를 측정할 수 있었다.

멕시코 농민들은 이런 현상을 잠자코 지켜보고만 있지 않았다. 2013년에 들어서도 멕시코의 시위가 전 세계적으로 보도되었다. 멕시코 농민들은 GMO 옥수수의 대규모 상업적 재배를 허용하려는 정부의 안을 반대하며, 멕시코 독립의 상징인 '독립의 천사상' 앞에서 항의 시위를 지속하고 있다.

우리나라 역시 안전지대는 아니다. 환경부 국립환경과학원은 2009년부터 국내 GMO 자생 실태를 조사해왔다. 2013년 4월에 발표된 보고서 〈LMO• 자연환경모니터링 및 사후관리 연구(IV)〉에 따르면, 2009년부터 2012년까지 국내에서 GMO가 발견된 지역은 47곳에 달한다. 옥수수가 28곳으로 가장 많았고, 면화(12곳), 유채(6곳), 콩(1곳)이 그 뒤를 이었다.

한국은 분명 GMO를 공식적으로 재배하지 않고 수입만 하는데, 왜 GMO가 자라고 있을까. 운송과 유통 과정에서 유출된 GMO가

• LMO는 유전자변형생물체Living Modified Organism라는 뜻으로, 생식과 번식이 가능한 살아 있는 GMO를 가리킨다. 예를 들어 GMO 옥수수로 만든 통조림은 생식과 번식이 가능한 상태가 아니기 때문에 LMO가 아니다.

국내 GMO 발견 지역

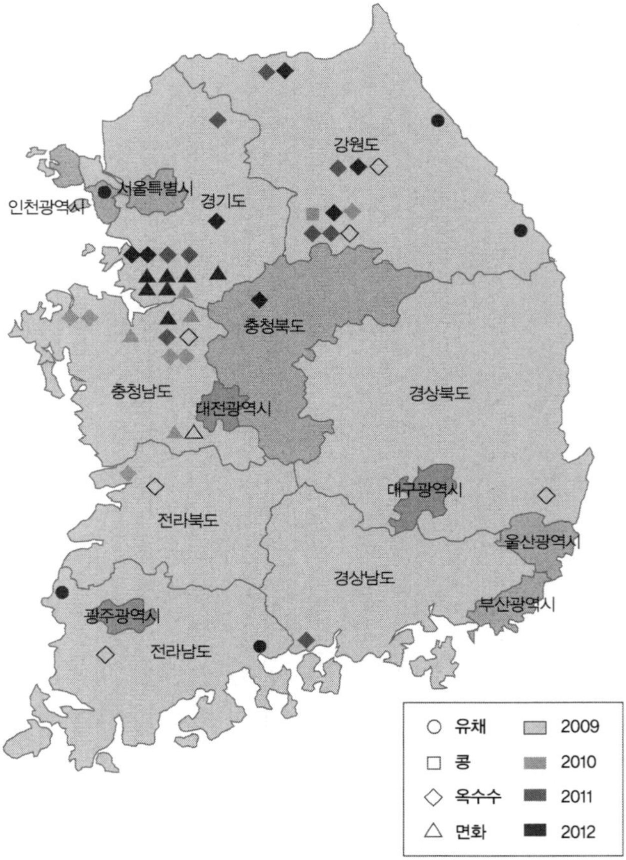

출처 : 환경부 국립환경과학원, <LMO 자연환경모니터링 및 사후관리 연구(IV)>, 2012.

땅에 떨어져 저절로 자라난 것이다.

오래전부터 시민사회단체들은 일부 지역에서 GMO 농산물이 스스로 뿌리를 내리고 생장 번식하고 있기 때문에, 이에 대한 실태 조사가 필요하다고 요구해왔다. 이러한 요구에 따라 정부가 전국적인 실태를 조사하면서 GMO 유출이 공식 확인된 것이다. 우리나라와 같이 GMO의 상업적 재배가 허용되지 않는 곳에서 GMO의 자생은 매우 놀라운 일이다. 비록 상업적 재배는 허용되지 않으나 이미 전국 곳곳에서 GMO 시험 재배가 이루어지고, 매년 막대한 GMO 농산물이 수입되고 있음을 생각하면, 당연한 결과일지도 모른다.

항만으로 수입된 GMO 농산물은 운반 차량에 실려 전국의 식품 및 사료 공장으로 보내진다. 발견된 GMO 자생 지역도 인천, 충남의 천안과 논산, 강원도의 원주와 횡성, 전북의 김제, 전남의 나주, 경북의 경주까지 전국적인 분포를 보인다. 운송되는 과정에서 GMO 종자가 외부로 누출되지 않도록 관리하고, 설령 흘러나가더라도 싹이 트지 않도록 특수한 처리 과정을 거쳐야 하는데, 사실상 제대로 관리되지 않고 있음이 확인된 것이다.

GMO의 생태계 유출에 촉각을 곤두세우는 이유는 변형된 유전자가 다른 생물체로 전이되어 원치 않는 결과를 낳을 수 있기 때문이다. 또 생태계로 누출된 GMO가 토종 생물의 유전자를 오염시켜 생물다양성을 훼손할 가능성에 대한 우려도 크기 때문이다. 아직 인간의 눈에 발견되지 않은, 수없이 많은 고유 생물 종이 밝혀지기도 전에 유전자오염으로 말미암아 고유한 특질을 잃어버릴 수도 있는 것이다.

한국의 GMO

한국은 GMO 수입 대국

우리나라에서 상업적으로 GMO 작물을 재배하는 곳은 아직 없다. 그렇다고 우리나라가 GMO 안전지대는 아니다.

우리나라에서 2001년부터 시행된 GMO 표시제는, GMO 농산물이 원료로 들어간 식품에 GMO를 원료로 썼음을 표시해서 판매하도록 의무화한 제도다. 그런데 GMO 성분 함유량이 3퍼센트 이하인 경우 GMO 표시를 하지 않아도 되는 면제 기준이 있어, 지금도 시중에서 판매되는 식품에 GMO가 표시된 예는 찾아보기 어렵다.

지난 2008년 식품의약품안전청(현 식품의약품안전처)이 과자와 소시지, 된장 등 가공식품 100건을 수거해 검사했을 때, 32건에서

GMO 성분이 검출되었지만 이들 제품 중에 GMO를 썼다고 표시한 제품은 없었다.

2011년 3월 서울환경운동연합은 대형 유통매장에서 판매되는 햄과 소시지 24개 제품을 모아, 유전자분석 전문 업체에 성분 분석을 의뢰했다. 분석 결과 24종 가운데 롯데햄의 '김밥속 햄', '한입愛 베이컨', CJ제일제당의 '알찬소시지', '영양쑥쑥 김밥햄', 사조대림의 '숯불구이맛 김밥햄' 그리고 이마트의 '스마트 이팅 고단백 콩 비엔나' 등 6종에서 GMO 대두 성분이 포함되었음이 확인되었다. 이들 제품에 사용된 콩은 몬산토의 라운드업레디였지만 마찬가지로 GMO 콩을 원료로 썼다는 표시는 없었다.

2013년 4월 경제정의실천시민연합 소비자정의센터는 과자, 두부, 두유 등 135개 제품에 대해 GMO 표시 실태 조사를 한 결과, 108개 제품이 수입산 대두나 옥수수를 원료로 해서 생산되었지만 GMO 표시를 한 제품은 없었다고 밝혔다. 수입되는 대두 76퍼센트와 옥수수 49퍼센트가 GMO인데, 정작 시중에 GMO 표시 제품은 하나도 없는 것이다.

CJ제일제당, 사조해표, 인그리디언코리아(구舊 콘프로덕츠코리아) 등 주로 식품 가공 대기업들이 GMO 콩과 옥수수를 수입하는데, 이들 GMO 농산물 수입 현황은 확인되지만 이 농산물을 원료로 만드는 식품 가공 과정 그리고 그렇게 만든 가공식품이 판매업체로 넘어가는 유통 과정은 관리되지 않고 있다. 그렇기 때문에 소비자들이 GMO 원료 사용 여부를 파악하기 어려운 것이다.

2013년 5월 새누리당 이운룡 의원이 식품의약품안전처로부터 제출받아 공개한 'GMO 농산물 수입 현황'에 따르면, 2010~2012년 식용으로 수입한 GMO 농산물은 486만 8000톤으로 전체 식품 수입량 565만 7000톤의 86퍼센트에 달한다. 농산물의 종류는 주로 식용유·녹말당(전분당)·장류의 원료가 되는 옥수수와 콩이다. 우리나라의 옥수수 자급률은 0.8퍼센트, 콩 자급률은 6.4퍼센트에 불과하고, 옥수수는 사료용으로 75퍼센트, 가공용으로 23퍼센트가 소비된다.

콩과 옥수수 외에 면화씨(면실), 유채씨(채종)도 국내에서 유통되는 GMO 농산물이다.

식용·사료용 GMO 수입 현황

단위: 1000톤, 1000달러

연도	전체		식용		사료용	
	총계	총금액	수량	금액	수량	금액
2008	8,572	–	1,553	732,618	7,019	–
2009	7,280	1,774,390	1,372	500,200	5,908	1,274,190
2010	8,482	2,136,889	1,916	620,149	6,567	1,516,740

출처 : 한국바이오안전성정보센터, 《바이오안전성백서 2011》.

품목별 식용 GMO 수입 현황

단위: 1000톤, 1000달러

연도	전체		옥수수		대두	
	총계	총금액	물량	금액	물량	금액
2008	1,553	732,618	716	234,825	837	497,793
2009	1,372	500,200	471	82,119	901	418,081
2010	1,916	620,149	993	232,557	923	387,592

출처 : 한국바이오안전성정보센터, 《바이오안전성백서 2011》.

품목별 사료용 GMO 수입 현황 단위: 1000톤, 1000달러

연도	전체		면화		옥수수		대두		기타	
	총계	총금액	물량	금액	물량	금액	물량	금액	물량	금액
2008	7,019	–	92	–	6,925	–	2		소량	
2009	5,908	1,274,190	98	30,606	5,810	1,243,550			소량	
2010	6,570	1,516,760	119	36,736	6,451	1,479,924	0.2		소량	

출처 : 한국바이오안전성정보센터, 《바이오안전성백서 2011》.

국내의 GMO 연구 개발

우리나라의 GMO 관련 연구 시설은 2010년 말 현재 1654개소가 신고, 운영 중이다. 2010년 대학과 민간 기업에서 시험·연구를 목적으로 국내에 수입한 GMO는 실험용 쥐, 대두, 벼 등 총 201건으로 매년 증가 추세다. 2010년에는 생태계의 추위, 더위, 해충에 대한 저항성 등을 고려하기 위해 실험실을 벗어난 GMO 작물 환경방출 실험도 77건이나 진행되었다.

현재 국내의 GMO 작물 관련 연구는 농촌진흥청의 '차세대 바이오그린 21' 사업이 대표적인데, 2008년 기준으로 벼, 콩, 과채류, 고추, 잔디, 화훼류, 당근, 감자, 배추 등 18품목 54종을 대상으로 병해충 저항성, 신기능물질 생산, 환경 스트레스 저항성, 고생산성 등을 갖춘 GMO 작물을 개발하기 위해 연구하고 있다.

국내 GMO 농산물 개발 현황

구분	개발 단계	개발 특성
작물 (16작물 48종)	유전자 도입 단계	카테킨 생산 상추 등
	기능 검정 단계	비타민E 강화 들깨, 철분 강화 감자 등
	안전성 평가 단계	제초제 저항성 벼 · 고추 · 들깨, 바이러스 저항성 감자 등
가축 (2축종 6종)	유전자 도입 단계	조혈 촉진, 섬유소 분해 돼지 등
	기능 검정 단계	혈전증 치료, 알부민 생산 및 비만 조절 닭 등

출처 : 한국바이오안전성정보센터, 《바이오안전성백서 2008》.

2011년부터 2020년까지 추진되는 '차세대 바이오그린 21' 사업은 '바이오경제 시대 농업생명공학의 역할'에 중점을 둔다고 한다. 지원 사업의 과제들은 농산물의 범위를 넘어서 기능성 식품, 미생물 발효, 항생제, 백신, 화장품 등으로 확대되고 있다.

서류로만 검사하는 GMO 식품 안전성 심사 제도

식품의약품안전처는 2010년 수입 GMO에 대한 위해성 심사에서 콩 2종, 옥수수 8종, 면실 1종을 각각 식품, 사료, 가공용으로 수입 승인했다. 현재까지 재배 목적이 아닌 식품, 사료, 가공을 목적으로 국내에 수입 승인된 GMO 작물은 총 7가지 작물, 76개 종이다. 작물별로는 콩 5종, 옥수수 39종, 면실 14종, 감자 8종, 카놀라 6종, 알팔파 3종, 사탕무 1종이 승인되었다.

GMO에 대한 우리나라 심사 제도의 가장 큰 문제는 GMO 식품 제조사(주로 외국 기업)와 수입 승인을 요청하는 회사에서 제출한 서류만 심사한다는 것이다. 국내 전문가로 구성된 심사위원들이 서류가 미비하다고 지적하고 보완을 요청해도 제조사에서 충실하게 제출하지 않는 경우가 많고, 제출하는 자료 외에는 충분히 검토할 수 있는 근거 자료도 부족하다. 또한 심사 과정에 안전성을 검증할 전문가와 시민단체, 농민단체의 참여가 제대로 보장되지 않고 있다.

또한 제조사에서 후대교배종•과 그 제조 과정에 사용된 GMO 작물의 심사 승인을 요청한 경우, 개별 작물에 대한 심사 승인이 마무리되기도 전에 후대교배종에 대해 미리 심사 승인을 완료하는 경우도 있었다.

후대교배종의 경우 품목 간 상호작용 그리고 특이 사항에 대한 검토를 거쳐 승인 여부를 판단한다. 그러나 후대교배종을 승인할 때는 외래 유전자끼리 어떤 상호작용이 발생해서 단백질 생산량이 과다하거나 과소하지는 않은지, 그리고 전혀 새로운 종류의 단백질이 만들어지지는 않는지를 확인해야 한다.

2012년 국립환경과학원이 발견한 GMO 옥수수 가운데에는 한국뿐 아니라 세계 어느 정부에게서도 승인받지 않은 복합 품목

• 서로 다른 GMO 작물을 교배해 만들어져 둘 이상의 특성을 지닌 GMO 작물.

(NK603/MON810/MON88017)이 있었다. 기존의 GMO는 보통 외래 유전자 하나가 삽입된 품목이었지만, 최근에는 승인받은 각 품목을 교배해 여러 외래 유전자가 삽입된 복합 품목이 많이 개발되고 있는 추세인데도 이를 제대로 진단해야 할 안전성 심사·관리 체계가 유명무실하다는 것이 드러났다.

과연 이 정도 수준의 안전성 심사 제도로 그 목적인 'GMO로 인해 발생할 수 있는 인체 및 자연환경 위해성에 대한 사전 예방'을 제대로 달성할 수 있을까?

반쪽짜리 GMO 표시제

현재 우리나라의 GMO 표시제는 유럽연합과 달리 검출 기반을 기준으로 한다. 현행 식품위생법은 변형된 유전물질(DNA)이나 외래 단백질 성분이 남은 식품에만 GMO 표시를 의무화하고 있는데, 이는 곧 원료의 가공 과정에서 DNA가 파괴되거나 검출이 불가능해진 식품, 예를 들면 간장이나 식용유, 녹말당(전분당) 등을 표시 대상에서 제외한다. 식용으로 수입되는 GMO 옥수수와 콩이 대부분 녹말당과 식용유에 쓰이는데 표시 대상에서는 제외되어 있기 때문에 소비자는 알지도 못한 채 GMO 식품을 먹고 있는 셈이다.

또한 식용유는 표시를 하지 않는 데 반해 식용유 가공을 위해

콩에서 기름을 짜고 남은 찌꺼기(대두박)를 사료로 재활용할 때는 'GMO 사료' 표시를 해서 판매하도록 되어 있다. 같은 GMO 콩으로 만들었더라도 식용유는 GMO 표시를 하지 않고 가축 사료에는 표시를 해서 판매하고 있는 것이다.

또 한 가지 문제는 식품 원료 구성 비율 5순위 이내 성분에 대해 GMO를 표시하도록 되어 있는데, 명확한 기준이 없어 이에 대한 표시를 업계의 판단에 맡겨놓고 있는 현실이다. 햄과 소시지를 만드는 많은 재료 중에서 여섯 번째로 GMO 콩을 사용하면, GMO 콩을 사용했다고 표시하지 않아도 된다. 게다가 수입산 식품의 경우 수입 원장에 중량 대비 순위를 표시하지 않는 경우가 많아, 어떤 원료가 5순위 이내인지를 구분할 수 없다.

또한 비의도적 혼입도 3퍼센트까지 허용하여 지나치게 관대하다는 비판도 받고 있다. 의도하지 않았더라도 일반 농산물에 GMO가 섞여 들어갔을 경우 그 함량이 3퍼센트 이내이면 괜찮다는 것이다. 유럽연합에서는 GMO 성분이 0.9퍼센트 미만일 경우에만 표시를 면제하고, GMO 성분뿐 아니라 GMO 작물로부터 추출한 첨가물이나 조미료를 함유한 식품까지 규제 범위에 포함하는 식품인증제도를 2000년 4월부터 실시하고 있다.

각계 전문가들과 시민사회단체들은 식품업계에 대해 유럽과 같은 수준의 표시제 개선을 주문하며, 비의도적 혼입에 대해서도 유럽 수준으로 허용치를 엄격하게 적용하고, 5순위 이하 성분에 대해서도 표시 의무를 확대해야 한다고 지적한다. 2012년 11월 한국바이오안전성정보센터가 주관한 9차 LMO 포럼에서도 생물에 대한 유전자조작이 인체 위해성 논란을 넘어 환경 문제, 종자에 대한 특허권과 자본 종속 등의 사회경제 문제로 확대되고 있다는 지적이 나왔다.

4

종자를 장악하는 자가 세계를 지배한다

종자 전쟁의 역사

미국, 종자 사냥에 나서다

미국 대두 산업의 모태가 된 한국의 토종 콩

미국 농무부에서 운영하는 대두유전자원보존소USDA Soybean Germplasm Collection, 이곳에서는 미국 대두산업의 뿌리가 된 콩 종자 2만여 종을 보관하고 있다.

> "현재 재배되는 미국 대두의 90퍼센트는 35가지 조상 품종에서 유래한다. 이 35개 조상 품종 중 6개 품종이 한국에서 온 것이다. 한국산 6개 품종은 미국의 대두 재배에 굉장한 기여를 했다."
>
> —랜들 넬슨Randall L. Nelson/미 농무부 대두유전자원보존소장

미 일리노이 대학 소재 대두유전자원보존소

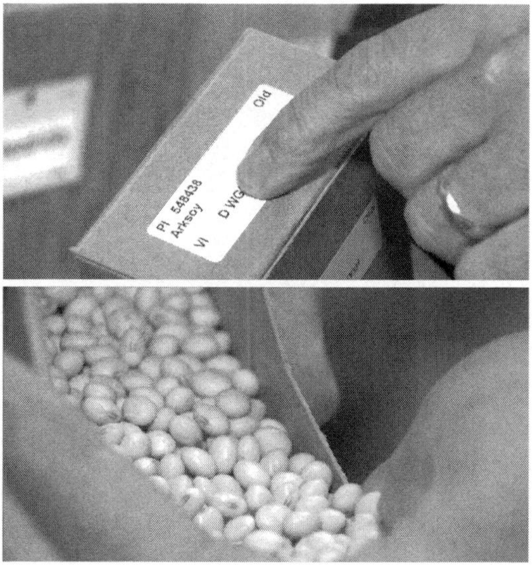

아크소이Arksoy. 미국식 이름이 붙은 채 대두유전자원보존소에 보관되어 있는 한반도산 토종 콩 종자. 메주콩과 닮았다.

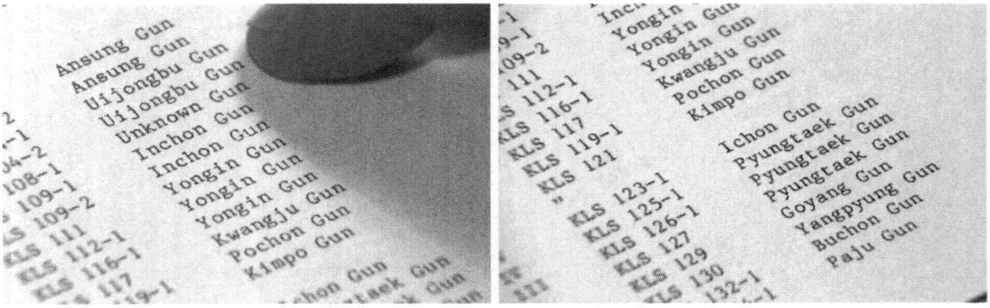

대두유전자원보존소에 보관된 종자들의 원산지 기록. 각 종자가 안성, 의정부, 인천, 용인 등지에서 수집되었음이 기록되어 있다.

이곳 유전자원보존소에 보관된 한국의 토종 콩은 무려 4000여 점에 이른다. 현재 우리 농촌에서는 볼 수 없는 종도 상당수 있다. 이 종자들엔 하나같이 PI로 시작되는 일련번호가 매겨져 있다. 외국에서 도입한 식물종(Plant Introduction)임을 나타내는 표시다. 유전자원보존소는 이들의 수집 경로를 자세히 기록해놓았다.

1980년대에 이르기까지 경기, 충청, 강원 등 우리나라 모든 지역에서 토종 콩 종자가 유출되었다. 1906~1917년 여행가 프랭크 메이어Frank N. Meyer가 미 농무부의 의뢰를 받아 조선, 중국, 러시아에서 다양한 식물을 채집해 간 데 이어, 1929~1932년 도셋Dorsett과 모스Morse가 이끈 본격적인 첫 콩 원정대(정식 명칭은 동양농업탐사원정대Oriental Agricultural Exploration Expedition)가 한국을 다녀갔다. 이들은 한국과 일본, 중국에서 재배 콩과 야생 콩 종자를 대량으로 수집해 갔다. 본래 콩의 원산지는 만주와 한반도다. 한반도는 아주 다양한 유전자원의 보고였다. 당시 콩 원정대가 동아시아에서 수집해

Special Collections Image Gallery
"Near Pa La Chu western hills, west of Peiping, China. A.H. Dorsett and his Chinese interpreter Aiten Liu on the trail. Photograph # 46197a."
Dorsett-Morse Oriental Agricultural Exploration Expedition Collection
Collection 51

도셋-모스 원정대(미 농무부 홈페이지)

outskirts of Heijo, [Chosen].
해주 외곽, 조선
These plants appear different from wild soy bean found in Manchuria and Japan.
이 식물들은 만주나 일본에서 발견된 야생 콩과 다르다.
"Soja ussuriensis. Wild soy bean. View [of] the wild soy bean plants growing along road side on [the] outskirts of Heijo, [Chosen]. These plants appear different from wild soy bean found in Manchuria and Japan. The leaves are larger and somewhat different[ly] shape[d]. The plants, however, are very hairy and are now just about past full bloom. Photograph #45649."
Dorsett-Morse Oriental Agricultural Exploration Expedition Collection
Collection 51

도셋-모스 원정대의 보고 내용(미 농무부 홈페이지)

USDA agricultural explorer	Year	Number of soybean PI numbers	Number of strains in collection: PI North	PI South	Variety North	Variety South	Total
Frank N. Meyer in China, Korea, and USSR	1906	11	0	0	3	2	5
	1907	14	0	0	13	2	15
	1908	19	0	0	0	2	2
	1911	3	0	0	0	0	0
	1913	16[a]	0	0	0	0	0
	1914	13	0	0	0	0	0
	1915	5	0	0	1	1	2
	1917	33	0	0	0	0	0
Total		114	0	0	17	7	24
P. H. Dorsett in China	1924	24	6	2	0	0	8
	1925	159[b]	10[a]	1	2	0	13
	1926	710	224	0	3	0	227
	1927	76	13	0	0	0	13
Total		969	253	3	5	0	261
P. H. Dorsett and W. J. Morse in China, Korea, and Japan	1929	366[a]	109[a]	13	24	0	146
	1930	2,261	483	52	10	3	548
	1931	424	192	8	0	2	202
	1932	1,400	38	18	1	1	58
Total		4,451	822	91	35	6	954

《미 농무부 콩 유전자원 수집 목록USDA Soybean Germplasm Collection Inventory》에 보이는 메이어와 도셋-모스의 한국 종자 수집 기록.

간 콩은 총 4471점, 그중 우리나라(조선)의 것이 약 3500점(약 76퍼센트)이며, 일본 579점(약 13퍼센트), 만주 513점(약 11퍼센트)이었고, 이들은 보고서에 "조선에서 모은 자료와 사진만으로도 훌륭한 책을 쓸 수 있을 정도"라고 썼다.• 이들이 모은 종자는 미국 대두

• 농촌진흥청, RDA Interrobang 제35호(2011. 9. 28), 5쪽.

산업의 중요한 모태가 되었다.

미국이 종자 사냥에 열성이었던 이유

유용한 식물을 도입하는 것은 문명화한 모든 나라에 엄청나게 중요한 일이지만 특히 미국과 같이 역사가 짧은 신생 국가에는 더욱 중요하다.

미국 위스콘신 대학의 농업사회학 교수 잭 클로펜버그Jack R. Kloppenburg Jr.는 미국의 종자 사냥에 대해서 많은 이야기를 들려준다. 현재 미국에서 재배되는 작물 중에 본래 미국의 토종 식물은 뚱딴지(돼지감자)와 딸기 등 몇몇 종에 불과하다. 미국의 건국 이래 식물자원 수집이 국가 최대의 관심사가 된 것은 당연한 일이었다. 이미 미국의 제3대 대통령 토머스 제퍼슨(재임 1801~1809)이 세계 각지에서 토종 식물을 수집해올 것을 지시했다. 수집된 식물의 종자는 농민들에게 분배되어 재배하도록 장려되었다. 현재 밀, 쌀, 콩, 토마토, 캔털루프(멜론의 일종)를 비롯한 미국의 곡물, 채소, 과일은 거의 대부분 외부에서 도입된 종자들로 재배되고 있다.

식물자원의 수집은 군인과 외교관 들의 몫이었다. 이들은 타국의 문호를 개방시키는 동시에 현지의 식물 종자들을 무차별적으로 수집했다. 군함을 동원하여 일본을 개항시켰던 페리 제독 역시

이석하 교수/서울대학교 식량생산과학과

일본의 콩 종자를 수집하여 본국으로 가져갔다. 세계로 뻗어나간 미국의 해군 장교들과 외교관들은 곳곳에서 현지 식물의 종자들을 수집했고, 미국의 농민들은 도입된 식물을 육종하고 재배하면서 미국의 기후와 환경에 적응하도록 토착화시켰다.

이렇게 수집된 식물자원이 전체 약 65만 종에 이른다. 미국은 단연코 세계 1위인 식물종자원 보유국으로 거듭나게 된 것이다. 미국 정부는 수집된 종자를 민간 기업에 연구용으로 제공하고 있다. 몬산토의 GMO 종자들 역시 종자 사냥을 통해 수집된 자원을 이용하여 개발된 것이다. 서울대 식물생산과학부 이석하 교수는, 미국의 GMO 콩에는 한국 콩 유전자가 25퍼센트 이상 포함되어 있다고 판단할 수 있다고 한다.

식물학자 데이비드 페어차일드(1869~1954)의 자서전. 페어차일드는 미 농무부에서 외국 종자·식물을 도입하는 일에 종사했다.

동아시아에서 다양한 식물을 채집한 여행가 프랭크 메이어(1875~1918).

우리 유전자원의 수난

미국 농무부의 대두유전자원보존소에 보관되어 있는 한국의 토종콩 종자가 보여주듯이, 우리나라의 유전자원은 국내에서 그 가치에 대한 인식이 형성되기 오래전부터 여러 경로를 통해서 상당히 많이 유출되었다.

영국과 프랑스의 탐사대가 한반도 근해 섬에서 식물을 수집하기 시작한 것이 19세기부터다. 또 영국의 식물 수집가 어니스트

윌슨Ernest Henry Wilson(1876~1930)은 1914년 우리나라에서 자생 식물의 종자를 수집하여 가져갔다. 일제강점기였던 1920년대 도쿄대학교 나카이 다케노신中井猛之進(1882~1952) 교수는 조선총독부에서 2개 중대 병력을 지원받아가면서 한반도 전역의 식물 유전자원을 수집하여 일본으로 가져갔다. 소련의 식물학자 슈바킨바키도 1930년대 한반도의 해안 일대를 돌며 자생 식물을 채집해갔다고 한다. 이 밖에도 외국인들의 우리 토종 식물 채집은 꾸준히 이어졌고, 불과 30여 년 전인 1984년부터 1989년까지의 5년 동안에도 배리 잉거Barry R. Yinger를 비롯한 미국 수목원 관계자들이 세 차례에 걸쳐 한반도 전역의 희귀한 식물을 채집해갔다.

콩 종자처럼 유출된 우리나라의 유전자원은 수집해간 나라에서 품종 개발에 이용되는 한편, 일부는 국내로 역수입되기도 한다. 대표적인 예로 북한산 정향나무를 소재로 미국에서 개량된 미스킴라일락과, 크리스마스트리로 인기리에 판매되는 구상나무가 있다. 하지만 우리나라는 이들 품종에 대해서 어떠한 권리도 주장하지 못할 뿐 아니라, 도리어 특허사용료(로열티)를 내면서 수입하고 있다. 이미 그들의 손에 개량되어서, 특허 등록되어 있기 때문이다.

허가된 종자 약탈, 특허권의 탄생

생명체에 대한 특허 허용

"세기가 바뀔 무렵, 대규모 농화학기업은 다섯 개 정도만 남게 될 것이다. 종자에 대한 특허를 많이 받아두는 것이 좋겠다."

1987년, 농화학기업의 하나인 산도스Sandoz의 대표는 이런 전망을 내놓았다. 새로운 출로를 모색하던 몇몇 기업은 종자에 대한 특허가 새로운 시장을 형성할 것이라고 예측했다. 몬산토 역시 그 중 하나다.

식물체에 대한 사적인 소유를 전적으로 보장하게 된 것은 1985년 미국의 '실용 특허에 관한 하이버드Hibberd 판례'에서 비롯되었다. 당시 미국의 특허심판부는 무성번식 식물이든 유성번식 식물이든 식물은 모두 미국 특허법 제101조에 규정된 특허의 보호 대상이라고 판시하면서, 미국 특허법 제101조에 의한 보호 대상은 인간에 의해 창조된 지상의 모든 것을 포함한다고 하여 식물체를 제품manufacture 내지 합성물composition of matter로 만드는 경우에도 특허를 인정했다. 살아 있는 식물체 자체는 물론 세포와 DNA 서열에 이르기까지 식물체의 구성 요소 모두가 특허 대상에 포함되었다.

특허권이란 어떤 생산물에 대해 기술이나 생산 과정을 포함해서 허용되는, 정부가 보증하는 독점권이다. 그 생산물을 발명한 사람은 다른 이들이 판매를 목적으로 그것을 만들고, 사용하고, 제공하는 것에 대해 배타적인 권리를 보장받을 수 있다. 다시 말해 그것을 만들어 상업적으로 이용하려는 사람은 반드시 특허권자의 허락을 받아야 하며, 허락을 받지 못하면 그것을 상업적으로 이용할 수 없다. 특히 식물에 대한 특허권이란 식물종을 발명하거나 발견한 이와 특이하고 새로운 식물종을 재생산한 이에게 부여되는 권리를 말한다. 대개 최대 25년간 독점권이 부여된다.

WTO 농업협정에 의해 전 세계 농산물 시장이 개방되자 수많은 기업이 농산물 자유무역이라는 새로운 시장을 개척하기 위해 너나없이 새로운 종자 개발에 뛰어들었다. 재파종이 불가능한 종자는 돈을 내지 않고 특허 종자를 재사용하려는 파렴치한 농민들로부터 '기업'을 보호하기 위해 개발되기 시작했다.

1998년 면화 종자회사이자 생명공학 기업인 델타앤드파인랜드

퍼시 슈마이저/Percy Schmeiser, 캐나다 농민

"몬산토는 절대 카놀라 씨앗을 발명하지 않았다. 어떻게 그 것을 가질 수 있겠는가? 그것은 농민들의 것이었다. 겨우 한 가지 유전자만을 집어넣고 특허를 얻은 종자에 대해 어떻게 전체 소유권을 주장할 수 있는가?"

사Delta and Pine Land Company는 미국 정부의 자금 지원을 받아 터미네이터 기술에 관한 특허를 획득했다. 미 농무부는 델타앤드파인랜드와 합의하여 모든 상품에 대해 매출액의 5퍼센트를 받기로 하고 해외 78개국에 해당 특허를 출원했다. 2006년 델타앤드파인랜드는 몬산토에 인수 합병되었으며 터미네이터 기술은 몬산토의 소유가 되었다.

종자기업과 과학자들이 종자를 개발하기 전에는 전 세계 생물 유전자원의 대부분을 제3세계 국가들이 보유하고 있었다. 비록 생명공학 기술이 선진국에서 개발되었다 하더라도 기술이 개발되기 전에도 종자는 오랫동안 존재해왔으며, 농민들은 당연히 자기가 거둔 씨앗을 재파종할 권리가 있었고, 지역사회의 고유한 역사와 문화적 방식에 따라 고유한 종자를 보유하며 전승하고 있었다.

인도의 생태환경운동가 반다나 시바Vandana Shiva는, 종자는 인류 공동의 지혜를 뜻하며 여기에 특허권을 부여하는 일은 '생물 해적질'을 가능하게 한다고 설명한다.

> "(종자에 대한 특허는) 창조와 혁신이라는 미명으로 행해지는 도둑질이다. 그뿐만 아니라 훔친 지식에 기반을 둔 배타적 권리는 생물다양성과 인류의 일상적 생존 기회들을 도둑질한다. 시간이 지날수록 특허권은 독점을 만들어내고, 일상의 생산물 가격을 높이는 데 이용될 수 있다."
>
> —반다나 시바/인도 생태환경운동가

생명체에 대한 특허가 인정되면서 농민들은 스스로 농사지을 종자를 기업에게서 구입해야만 하게 되었고, '종자는 사고파는 것'이라는 인식이 퍼져 나갔다.

미국의 정부 자금을 지원받은 특허는 다른 개발도상국의 종자 시장을 장악하는 데 이용된다. 미국 정부가 개발도상국 정부에 외교적인 압박을 넣어 특허 출원의 통로를 만들면 관련 기업은 막대한 자본금을 앞세워 그 나라의 종자 시장을 장악하는 것이다.

생물 해적질, 특허

미국의 라이스텍 사RiceTec, Inc.는 인도의 향기 나는 쌀인 '바스마티basmati'에 대해 1997년 특허를 취득했다. 모양이 길쭉한 쌀인 바스마티는 힌디어로 '향기롭다'는 뜻으로, 인더스 강 유역에서 수천 년 동안 재배되어왔다. 독특한 질감과 향 때문에 서아시아와 미국, 유럽 등에 높은 값으로 수출되는 인도 특산물이다. 그런데 미국 텍사스에 본사를 둔 곡물회사 라이스텍이 무단으로 특허를 출원하여 이 쌀에 대한 모든 권리를 자사의 것으로 만들어버렸다. 이리하여 인도의 농민들은 '바스마티'라는 이름으로 해외 시장에 쌀을 팔 수 없게 되었다. 해외에 쌀을 팔려면 라이스텍에 특허사용료를 지불해야만 했다. 다행히 인도 정부가 나서서 바스마티 쌀

바스마티 쌀

은 이미 오랫동안 인도 전통 식품으로 존재해왔다는 주장을 펼쳤고, 이 주장이 받아들여져 특허가 무효화되었다. 이 사건 이후 인도 정부가 바스마티 쌀을 자국의 자산으로 등재하고서야 특허라는 생물 해적질을 막을 수 있게 되었다.

님나무•는 고대로부터 인도인들의 삶 곳곳에서 다양하게 이용되어왔다. 님을 빻아서 피부에 바르기도 하고 양치를 하기도 했고, 열매, 씨앗, 나뭇잎, 뿌리와 나무껍질까지 천연 약재로 이용되었다. 씨앗에서 짠 기름은 살충제로 쓰고, 기름을 짜고 남은 찌꺼기는 가축에게 먹이고, 그 가축의 분뇨로 토양을 비옥하게 했다. 님나무는 피로, 기침, 열, 식욕부진, 냉증, 갈증, 구토, 눈병, 피부 질환, 벌레 물린 데나 각종 상처 치료 등등에 효과가 있다고 알려졌다. 님나무에 관한 연구와 활용 방법은 오랫동안 인도 사회에서 자연스럽게 순환되었다. 지금도 시중에서 님나무를 활용한 화

님나무와 잎

장품이나 치약, 비누, 각종 해독제와 피임약에 이르기까지 다양한 제품이 판매되고 있다.

그런데 님나무에 관한 특허가 1980년대부터 미국, 일본, 유럽에서 출원되기 시작했고, 미국의 화학기업 그레이스앤드컴퍼니W. R. Grace & Co.는 님나무의 살균 특성에 관해 무려 109가지 특허를 출원했다. 1990년대 초 유럽특허청은 미 농무부와 그레이스앤드컴퍼니에 님나무에 관한 특허를 내주었다. 현재 미국이 님나무에 대해 가장 많은 특허를 보유하고 있고, 일본, 오스트레일리아도 님나무에 대한 특허를 획득했다. 특히 미국의 기업들은 대량생산 설비를 갖추고서 종자 추출물에 대한 독점적 권리를 행사하고 있다.

인도 토종 식물에 관한 초국적 기업들의 특허는 바스마티 쌀과 님나무에 국한되지 않는다. 인도 알로에에 관해서도 545건이 특허 출원되었다. 인도의 토종 식물 266여 종에 관한 특허 5409건을 미국의 초국적 기업이 소유하고 있다. 이러한 특허는 초국적 기업들이 인도의 농민들에게서 생계수단과 문화, 지식까지 송두리째

님을 이용해 만든 화장용품

훔쳐 가는 절도 행위에 불과하다.

생물 해적질은 인도에서만 일어나지 않는다. 전 세계 곳곳에서 초국적 기업들이 토종 식물에 관한 특허를 내고 있다. 중국에서도 마찬가지다. 시카고대학의 경제학 교수였고 지금은 홍콩의 중문대학中文大學 석좌교수인 랑셴핑郎咸平은 저서 《자본전쟁》에서, 미국에 선물로 준 대두 한 알이 중국 기업들을 도산시킨 사연을 소개했다. 그에 따르면 중국은 세계 야생 대두 품종의 90퍼센트 이상을 보유한 대두 유전자원의 보고다. 과거 중국 농업과학원이 몬산토에게 우정의 표시로 대두 종자 한 알을 선물한 적이 있었다. 몬산토는 이 대두 종자를 분석하여 세계 101개국에 64개 항목의 특허를 출원했다. 본래 자국의 종자였던 콩에 대해 이제 중국은 몬산토에 로열티를 지급해야 하는 처지가 된 것이다. 현재 몬산토는 중국 식용유 원료 시장의 85퍼센트를 점유하고 있다.

브라질은 세계에서 가장 풍부한 생물다양성이 존재하는 나라이다. 전 세계 식물군의 약 22퍼센트인 5만 5000종을 보유하고 있지만, 이미 절반 이상이 다국적 기업의 특허 항목으로 등록되어 있다. 1990년대 이후 서구의 여러 제약 관련 기업과 연구기관이 아마존으로 연구자들을 보냈고, 파견된 연구자들은 원주민을 만나 전통적인 지식에 대한 탐문 조사를 했다. 식물, 미생물, 곤충 등을 신약 성분으로 활용하기 위해서였다. 이들은 다양한 유효 성분을 확보하여 자국의 신약 개발 재료로 활용했고, 기업들은 이에 대한 특허를 출원했다.

종자를 장악하는 자가 세계를 지배한다

종자를 판매하는 기업

종자는 본래 사고파는 상품이 아니었다. 농민들은 수확한 곡식의 일부를 이듬해 농사를 위한 종자로 남겨두었으며, 모자라거나 없는 씨앗은 주변 사람들과 서로 나누면서 농사를 지어왔다. 하지만 지금은 사정이 다르다. 농민 대부분이 기업에게서 종자를 구입한다. 만약 농민들이 계속 각자 씨앗을 비축하고 다른 사람들과 나눈다면 기업은 사실상 종자를 판매할 수 없을 것이다. 사는 사람이 없으니까.

실제로 "종자를 따서 보관하는 농민 인구는 세계적으로 약 14억을 헤아린다. 그들이 세계 식량 공급의 15~20퍼센트를 담당하고

세계 종자 교역량 변화

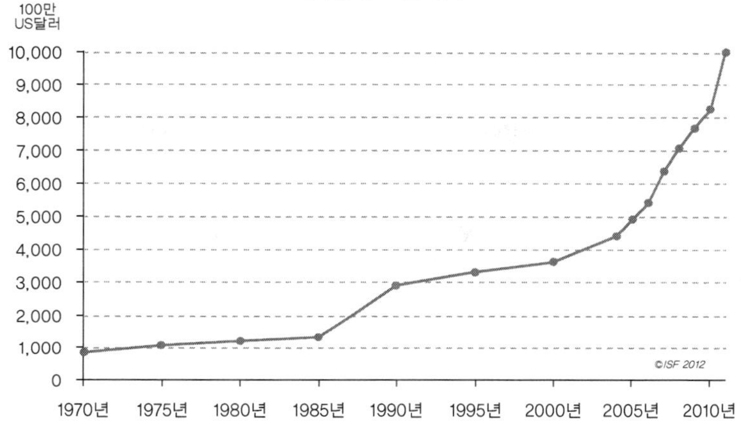

출처 : 국제종자연맹International Seed Federation(ISF) 통계 자료(2011).

있다."•

그런데 녹색혁명은 농민들에게 종자를 사도록 만들었다. 정부나 민간 기업이 수확량을 늘릴 수 있는 품종을 개발하여 다양한 방법을 동원해 농민들에게 보급했다. 보급량이 어느 정도 되면 생산량은 크게 늘어나게 된다. 생산량이 늘어나면 가격은 내려가고, 농민들은 소득이 줄어든다. 하지만 다시 돌아갈 수는 없다. 오히려 소득을 올리기 위해서 농민들은 더 많은 수확량을 보장하는 종자를 찾게 된다. 과거에는 없던 종자 시장이 새롭게 형성된 것이다.

특히 GMO 종자는 종자 시장이 확대되는 데 커다란 역할을 했

• US Patent and Trademark Office, *USPTO Patent Database*, 3 March 1998.

다. 최신 생명공학 기술이 적용된 GMO 종자는 높은 수확량과 편리함을 동시에 제공해줄 것으로 보였으며, 급속도로 확산되었다. 세계 종자 교역량은 1985년 이후 25년 동안 다섯 배 이상 많아졌다. 특히 GMO 농작물이 본격적으로 확산된 1990년대 후반부터 종자 시장의 규모가 매우 빠르게 커지고 있음을 알 수 있다.

전 세계 종자 시장을 쥐락펴락하고 있는 여러 기업들이 처음부터 종자기업으로 시작하지는 않았다. 오히려 화학기업이나 제약회사로 시작한 경우가 많다.

미국의 듀폰은 제1차 세계대전에서 연합국이 사용한 탄약의 40퍼센트를 공급했고, 이후 농약과 비료 제조를 시작했다. 제2차 세계대전 때는 원자폭탄을 제조했다. 질소 성분이 공통으로 들어가는 인공 비료와 폭발물은 사실상 제조 공정에서 큰 차이가 없다. 제2차 세계대전 당시 독일 화학기업들이 형성한 카르텔 이게파르벤IG Farben(오늘날에도 세계 유수의 화학기업이나 제약회사로 꼽히는 바스프BASF AG, 바이엘Bayer AG, 훼히스트Hoechst AG, 아그파Agfa가 이게파르벤의 일원이었다)은 나치를 위한 독가스 생산에 앞장섰는데, 이들이 생산한 독가스는 공기 중의 질소를 고정시키는 방법을 개발한 독일의 화학자 프리츠 하버Fritz Haber(1868~1934)가 만든 살충제였다. 하버는 제1차 세계대전에서 독일군이 사용한 독가스를 개발한 전범이었는데도 암모니아 합성법을 개발한 공로로 1918년 노벨상을 수상했다. 그의 연구는 인공 비료와 농약을 대량생산하는 데 이용되는 한편, 폭발물과 화학무기를 제조하는 데 중요한 역할을 한 것이다.

대표적인 종자기업인 미국의 몬산토는 최초의 인공 감미료인 '사카린'과 베트남전쟁에서 사용되어 다이옥신 파문을 일으킨 고엽제 '에이전트 오렌지'를 개발하여 판매한 몬산토화학회사Monsanto Chemical Company가 모태이다. 몬산토는 녹색혁명과 함께 유명한 농약 회사로 거듭났다. 그리고 제약회사로 더 많이 알려져 있는 스위스의 신젠타는 몬산토와 듀폰에 이어 세계 종자 시장 점유율 3위인 기업이다.

이들 기업이 종자 시장에 진출한 것은 생명공학 기술이 발달하고, 과거 정부나 공공 기관이 주도하던 종자 개발과 보급이 민간 영역으로 옮겨지면서 종자 시장이 확대되고 수익성이 드러난 데

세계 10대 종자기업과 세계 10대 농화학기업

순위	종자기업(국적)	농화학기업(국적)
1	**몬산토**Monsanto (미국)	**바이엘**(독일)
2	**듀폰**Dupont (미국)	**신젠타**(스위스)
3	**신젠타**Syngenta (스위스)	BASF(독일)
4	리마그랭 그룹Groupe Limagrain (프랑스)	다우(미국)
5	랜드오레이크Land OLakes (미국)	**몬산토**(미국)
6	KSW AGKWS SAAT AG (독일)	**듀폰**(미국)
7	**바이엘크롭사이언스**Bayer Crop Science (독일)	쿠어(이스라엘)
8	사카타Sakata (일본)	스미토모(일본)
9	DLF-트리폴리움Trifolium (덴마크)	누팜(오스트레일리아)
10	다키이시드Takii Seed (일본)	아리스타(일본)

출처 : ETC Group, 2009.

따른 것이다. 농민들이 넘볼 수 없는 첨단 기술이 등장하고 정부가 손을 떼기 시작하자, 종자 사업은 남는 장사가 된 것이다.

그러자 막대한 자금력을 가지고 있던 몇몇 기업이 본래 있던 종자회사들을 인수, 합병하면서 사업 영역을 확대하기 시작했다. 세계적인 판매망을 구축한 기업들이 우선적으로 대상이 되었다. 이들의 판매망이 미치지 않는 나라에 진출할 때는 현지의 종자기업을 인수하기도 했다.

그리고 이들 기업은 농민들이 종자를 '재사용'하는 것을 막기 위해 기술력을 키우는 노력을 기울이기 시작했다. 터미네이터 기술, 트레이터 기술은 농민들이 끊임없이 기업에서 종자를 살 수밖에 없도록 만들기 위한 최신 기술의 결정체라고 할 수 있다. 농민들의 반발로 터미네이터 기술의 적용이 어려워지자 이들은 특허제도를 통해서 농민들을 구속하려 한다. 실례로 몬산토는 미국에서 농민들의 '불법 사용'을 적발하는 데만 해마다 천만 달러에 이르는 예산을 책정한다.

이처럼 엄청난 기술력과 자금력을 통해 전 세계 종자 시장을 장악한 기업들은 녹색혁명의 선두 주자로서 자신들이 세계의 굶주림을 해결할 수 있는 구세주인 양 선전하지만, 이들 기업에게 생명을 살리는 농업이란 없다. 그저 자신들에게 이익을 가져다준다면 무엇이든지 만들어낼 수 있는 능력과 경험을 가지고 있을 뿐이다.

기업들은 새로운 품종을 개발하는 데 자금을 대고 노력을 기울인 대가로 종자에 대한 소유권을 주장한다. 농민들이 정상적으로 파종할 권리, 각 국가의 종자 주권, 지역사회 고유의 농사법과 먹거리 문화까지 모두를, 기업의 종자 독점권을 보호하기 위해서는 제한해야 한다는 것이다.

자유무역과 지적재산권 그리고 종자 시장

지적재산권과 유전자 특허를 규정한 법에 따르면 "지식은 재산이다. 지식은 기업의 것이고, 농민들은 그 지식에 접근할 수 없다."•

기업들은 종자를 발견하거나 발명한 자신들이 종자의 소유자라고 선언했다. 종자에 들어 있는 엄청난 DNA 정보 중에 극히 일부를 변형했다는 것을 근거로 그 종자가 전적으로 자신의 것이라고 주장하는 것이다. 초국적 기업들은 이제 세계 곳곳에서 수집한 종자에 대한 소유권을 WTO를 통해서 보장받으려 시도하고 있다.

자유무역 추진을 위해서 설립된 WTO는 식물과 생명체에 대한 특허를 허용하는 '무역 관련 지적재산권 협정(TRIPs)'을 도입했다.

• 캘리포니아 대학(버클리) 농업생태학 교수인 미겔 알티에리Miguel Altieri의 말. Cat Lazaroff, "Report Cites Benefits of Biotechnology for Developing Countries", *Environment News Service*, July 11, 2001(http://www.ens-newswire.com/ens/jul2001/2001-07-11-07.asp).

1993년 우루과이라운드를 통해 국제적으로 지적 소유권 제도가 도입되면서 기업들이 세계로 진출할 수 있는 발판이 마련되었고, 이것이 지적재산권 협정으로 공식화된 것이다(1994년 마라케쉬 협정).

종자는 배타적인 소유를 주장할 수 없는 인류 공통의 자원이었다. 수만 년에 걸쳐서 이어져 내려온 지금의 종자는 앞선 시대 수많은 농민들이 대를 이어 기울여온 노력의 결정체다. 그런 종자의 가치를 돈으로 환산한다는 것은 어쩌면 문화재에 가격을 매기는 것처럼 어처구니없는 일이다. 하지만 종자를 상품으로 만들려면 판매하는 기업의 독점을 보장하는 특허가 필요하고, 지적재산권으로 특허를 보호해야 한다. 전 세계를 시장으로 삼는 초국적 종자기업에게 WTO의 지적재산권 협정은 전 세계 농민들을 종자 시장으로 끌어들이고, 영원히 그들을 자신들에게 의존하게 만드는 중요한 수단이다.

WTO는 회원국이 협정을 위반했을 경우 벌금을 물리거나 무역 보복이 가해지는 것을 허용하는 등 강제적인 조치를 취할 수 있다. 전 세계 국가 대부분이 가입해 있는 WTO는 지적재산권을 가지고 전 세계 종자 시장을 재편할 수 있는 권력을 초국적 기업들에게 쥐여준 것이다.

또한 WTO는 GMO 확산을 강제하고 있다. 1992년 미국의 부시 정부는 GMO가 본래의 생물자원과 '실질적으로 동등하다'는 판정을 바탕으로 GMO에 대한 규제를 완화했다. 실질적으로 동등하다는 의미는 예를 들어 유전자조작이 되지 않은 옥수수와 GMO 옥수수가 성분상에서 별 차이가 없기 때문에, 유전자조작이 되었든 되지 않았든 똑같이 안전하다는 뜻이다. 미국 정부는 이러한 기준을 다른 나라에도 강요하기 시작했다. 1995년 발효된 WTO의 위생 및 식물위생 조치에 관한 협정Sanitary and Phytosanitary Measures(SPS 협정)에 따르면, 사전 예방 원칙에 따른 잠정적 조치로서, 심각하거나 회복할 수 없는 피해가 예상되는 경우 환경 피해를 방지하기 위한 규제 조치를 할 수 있다. 그러나 그 원칙은 규정된 범위 내에서 인정된다는 것이 WTO 분쟁해결기구Dispute Settlement Body(DSB)의 분명한 입장이다. 또한 한미 FTA에서는 식품 안전과 인간·동물 및 식물의 건강에 관한 문제, 입장 및 의제에 관하여 '협의'한다고 규정되어 있기 때문에 GMO에 관해 미국과 입장이 다른 한국의 사전 예방 원칙은 협의에 따라 무력해질 수 있다.

개발도상국의 유전자원을 활용해서 개발된 종자가 개발도상국 농민들의 몫을 빼앗아가는 데 이용되고 있으며, WTO가 이를 조장하는 셈이다. 자유무역에는 국가의 정책을 결정할 주권도, 먹거리 안전에 대한 관심과 노력도 없다. 다만 기업의 이익을 보장하는 협정만이 존재할 뿐이다.

세계를 장악하기 위한 종자기업의 몸집 불리기

초국적 종자기업들은 기술력과 자금력을 동원하여 전 세계 종자 시장을 장악해왔다. 상업용 종자를 개발하는 기술은 높은 수준의 생명공학 기술과 장기적인 개발 기간이 필요하기 때문에, 규모가 작은 기업은 사실상 감당하기 어렵다. 더구나 최근에는 거대 종자기업들이 종자뿐 아니라 농약, 비료 등 농자재를 함께 패키지 형태로 판매하는 추세라 소규모 기업이 유지되기는 더욱 어려워졌다.

전 세계 종자 시장의 23퍼센트를 장악한 몬산토의 연간 종자 판매액은 약 5조 원에 이른다. 점유율 2위인 듀폰, 3위인 신젠타의 점유율을 합하면 세 기업의 점유율이 45퍼센트를 넘는다. 네 번째인 리마그랭 그룹까지 포함하면 절반을 넘게 된다. 이는 세계 종자 시장의 절반이 이들 4개 기업의 손에 달려 있다는 뜻이다. 또 만약 이들이 판매하는 종자에 문제가 생길 경우 전 세계의 식량 수급에 커다란 차질이 생길 수 있음을 의미한다.

상위권 종자기업들은 다른 종자기업을 인수, 합병하거나 제휴를 통해서 끊임없이 몸집을 부풀리고 있다. 몬산토는 수십 여 종자회사를 꾸준히 인수해왔고, 2005년 채소 종자기업 세미니스Seminis와 2006년 면화 종자기업인 델타앤드파인랜드를 인수한 끝에 세계 1위로 올라섰다. 그리고 2007년부터 세계적인 화학기업

세계 10대 종자기업의 매출(2007년)

기업명 (국적)	종자 판매액 (백만 달러)	세계 시장 점유율 (%)
몬산토(미국)	4,964	23
듀폰(미국)	3,300	15
신젠타(스위스)	2,018	9
리마그랭 그룹(프랑스)	1,226	6
랜드오레이크(미국)	917	4
카베에스 종묘(독일)	702	3
바이엘크롭사이언스(독일)	524	2
사카타(일본)	396	2% 미만
DLF-트리폴리움(덴마크)	391	2% 미만
다키이 종묘(일본)	347	2% 미만

출처 : ETC Group, 2008. 11.

인 바스프와 함께 자연재해에 저항성을 띤 GMO 품종을 개발하고 있다.

듀폰은 1996년부터 1999년에 걸쳐 옥수수 종자기업인 파이오니어Pinoneer와 합병했다. 2000년 스위스의 제약회사인 노바티스 종묘사업부Novartis Agribusiness와 스웨덴의 제약회사인 아스트라제네카Astra Zeneca의 농약사업부Zeneca Agrochemicals가 합쳐져 설립된 신젠타도 2004년 미국의 가스트 종묘Garst Seed Company를 합병하고, 2006년 덴마크의 채소 종자기업 EGV, 2007년에는 독일의 화훼 종자기업 피셔 그룹Fischer group을 합병해서 몸집을 부풀리는 등 지속적으로 인수 합병을 진행해왔다(다음 쪽 박스 글 참조).

이들 초국적 종자기업들이 세력을 키우는 방법은 인수 합병뿐이 아니다. 그중에는 '인도적인 지원과 원조'라는 얼굴을 내세운 방법도 있다. 2010년 몬산토는 미국 국제개발처(이하 USAID)와 손잡고 아이티에 옥수수 종자 475톤가량을 무상 제공했는데, 이때 제공된 것이 '터미네이터 종자'인 GMO 옥수수였다. 연이은 자연재해로 고통받고 있는 아이티의 농민들에게 GMO 종자를 무상으로 제공함으로써 장차 아이티 농민들을 새로운 구매자로 끌어들이려 한 것이다. 아이티 농민들은 저항의 표시로 몬산토가 제공한 옥수수 종자를 불태웠다. 몬산토는 홍수 피해를 입은 네팔의 농민들에게도 USAID와 공조하여 GMO 옥수수를 원조했다. 이 밖에도 몬산토는 아시아와 아프리카의 가난한 나라에 적극적인 기술지원을 펼치기도 한다. 그러나 인도적으로 보이는 지원 뒤에, 식량 부족으로 고통스러워하는 현지 주민들이 몬산토의 종자에 의존하도록 하여 결국 시장 지배력을 높이려는 전략이 숨어 있다.

전 세계 농업을 장악하려는 초국적 기업의 전략은 여기서 끝나지 않는다. 흙 그리고 종자에서 식탁까지 모든 과정을 장악하려는 움직임이 이어진다.

몬산토가 인수한 기업

※ 인수한 순서대로, 기업명 | 나라명 | 주요 종목순. ( ) 안은 부연 설명임.

- 제이컵하츠 종묘 Jacob Hartz Seed Co. | 대두
- 하이브리테크 국제종묘 Hybritech Seed International, Inc.
- 아그라세투스 Agracetus, Inc.
- 칼진 Calgene, Inc.
- 몬소이 Monsoy | 브라질
- 애스그로 종묘 대두 및 옥수수 사업부 Asgrow agronomics seed business
- 홀든스파운데이션 종묘 Holden's Foundation Seeds L.L.C. | 옥수수
- 콘스테이츠하이브리드서비스 Corn States Hybrid Service L.L.C. | 옥수수
- 데칼브제네틱스 DeKalb Genetics Corporation
- 카길의 국제종자사업부
- 플랜트브리딩인터내셔널 Plant Breeding International Cambridge Limited | 영국
- 퍼스트라인 종묘 First Line Seeds Ltd. | 캐나다
- 센사코 Sensako (Pty) Ltd. | 남아공 | 밀
- 채널바이오 Channel Bio Corp.(크로즈하이브리드콘 Crow's Hybrid Corn Co., 미드웨스트시드제네틱스 Midwest Seed Genetics, 윌슨 종묘 Wilson Seeds 포함)
- 애드밴타 종묘 Advanta Seeds 카놀라 사업부
- 인터스테이트 종묘 Interstate Seed Company 카놀라 사업부
- 세미니스(애스그로 종묘를 기반으로 브륀스마 종묘 Bruinsma Seeds, 제네코프 Genecorp, 페토 종묘 Petoseed Company, 로얄슬라위스 Royal Sluis | 네덜란드, 세멘티스아그로세리스 Sementes Agroceres S.A.의 오르티세리스 Horticeres | 브라질 | 채소, 흥농종묘 | 한국, 중앙종묘 | 한국 인수, 몬산토의 자회사가 된 후 페오테크 종묘 Peotec Seed와 디루이터 종묘 De Ruiter

Seeds | 네덜란드 | 채소 인수)

- 스톤빌 면화사업부 Stoneville cotton business
- 이머전트제네틱스 Emergent Genetics Inc.
- NC+하이브리즈 Hybrids, Inc.
- 폰터넬하이브리즈 Fontanelle Hybrids
- 스튜어트 종묘 Stewart Seeds
- 트릴라이 종묘 Trelay Seeds
- 스톤 종묘 Stone Seeds
- 스페셜티하이브리즈 Specialty Hybrids
- 디너 종묘 Diener Seeds
- 시벤하이브리즈 Sieben Hybrids
- 크루거 종묘 Kruger Seed Company
- 트리슬러 채종포 Trisler Seed Farms
- 골드컨트리 종묘 Gold Country Seed, Inc.
- 헤리티지 종묘 Heritage Seeds
- 캠벨 종묘 Campbell Seed 마케팅·판매 부문
- 델타앤드파인랜드 Delta and Pine Land Company
- 알리파르티시파코에스 Aly Participacoes Ltda.(카나비알리스 CanaVialis S.A., 알렐리스 Alellyx S.A. | 브라질 | 사탕수수 포함)
- 세미야스크리스티아니부르카르드 Semillas Cristiani Burkard | 과테말라 | 교잡종 옥수수
- 다이버전스 Divergence, Inc | 생명공학
- 비로직스 Beeologics | 생물의약
- 프레시전플랜팅 Precision Planting, Inc. | 재배 기술 개발.

신젠타가 인수한 기업

- 골든하비스트 Golden Harvest. Inc. 미국 옥수수 · 대두사업부
- 가스트 종묘 Garst Seeds | 옥수수 · 대두
- CHS 리서치 Research LLC
- 애드밴타 Advanta BV
- 디아-엔게이 Dia Engei K.K | 일본 | 화훼 · 채소
- 콘래드파퍼드 Conrad Fafard, Inc. | 원예
- 이머전트제네틱스베지터블 Emergent Genetics Vegetable A/S(EGV)
- 제라임 게데라 Zeraim Gedera | 이스라엘 | 채소
- SPS | 아르헨티나 | 대두 · 옥수수
- 피셔 그룹 Fischer group | 독일 | 화훼
- 골드스미스 종묘 Goldsmith Seeds | 미국 | 화훼
- 피바스 채소종묘 Pybas Vegetable Seed Co., Inc | 미국.

(신젠타 설립 이전에 노바티스가 인수한 기업)

- 에리다니아 베깅-사이 Eridania Beghin-Say | 프랑스의 아그라 Agra | 이탈리아, 아그로생 Agrosem | 프랑스, 코이페솔세미야스 Koipesol Semillas | 스페인
- 아그리트레이딩 Agritrading | 이탈리아
- CC브누아 Benoist | 프랑스
- 메사두르스맹세 Maisadour Semences | 프랑스
- 산도스 Sandoz | 스위스(슬라위스앤드흐뤼트 Sluis&Grut | 네덜란드 | 채소 · 화훼, 노스럽킹 Northrup King Co.(맥네어 종묘 McNair Seeds, 스토퍼 종묘 Stauffer Seeds, 코커스페디그리드 종묘 Cokers Pedigreed Seed), 내셔널 National N-K, 갤러틴밸리 종묘 Gallatin Valley Seed Company, 라드너베

타 Ladner Beta, 로저스브라더스 Rogers Brothers, 프로둑토레스데세미야스 Productores de Semillas | 스페인, 힐레쇠그 Hilleshög NK | 스웨덴, 미서 종묘 Misser Seeds 포함)

- 치바가이기(시바가이기) Ciba Geigy | 스위스(펑크 종묘 인터내셔널 Funk Seeds International, 컬럼비아나팜 종묘 Columbiana Farm Seeds, 제르맹스 Germain's, 호프만 Hoffman, 루이지애나 종묘 Louisiana Seed Company, 피터슨비딕 Peterson-Biddick, 시슬러 Shissler, 스튜어트 종묘 Stewart Seeds, 뉴팜크롭스 New Farm Crops | 영국 포함)
- 서울종묘 | 한국
- 동양화학공업 Oriental Chemical Industries의 농약사업 부문 | 한국
- 스터디그로하이브리즈 Sturdy Grow Hybrids
- 아메리칸선레몬 American Sunmelon.

〔제네카가 인수한 기업〕

- 이시하라산교카이샤 Ishirara Sangyo Kaisha Ltd | 일본의 진균제 미국 영업부문
- 모헌 Mogen | 네덜란드 | 생명공학

그리고 2012년 신젠타는 교잡종 벼 품종과 RNAi 기술을 보유한 데브겐 Devgen | 벨기에를 인수한다고 발표했다.

종자에서 식탁까지 : 초국적 농식품복합체

'종자에서 식탁까지'라는 말은 초국적 농기업들의 대표적인 슬로건이다. 종자, 농약, 비료, 곡물 수집과 운송, 축산, 식품 가공, 유통에 이르기까지 농업과 먹거리 관련 산업에는 다양한 영역이 존재한다. 말 그대로 농지에 심는 종자에서부터 사람들이 먹거리를 섭취하기 위해 차리는 식탁까지 초국적 기업들이 직접적인 영향을 미치고 있다.

먹거리가 생산되는 여러 단계의 과정이 한 기업이나 기업집단 내에서 이루어질 수 있도록 통합하는 것을 '수직적 통합'이라고 한다. 여러 초국적 농기업들은 지속적으로 수직적 통합을 해왔다. 기업의 인수 합병이나 초국적 기업들 간의 제휴를 통해서 이루어지는 수직적 통합은 '초국적 농식품복합체'라는 거대한 괴물을 만들어냈다. 특히 전 세계 곡물 시장의 80퍼센트 이상을 장악한 이른바 곡물 메이저들과 종자기업들 간의 인수, 합병 및 업무 제휴는 압도적인 시장 지배력을 통해서 막대한 이윤을 끌어내는 한편, 세계 각국의 정부를 비롯해 WTO, IMF, 세계은행과 같은 국제기구까지 자신들의 입맛에 맞는 정책을 실현하도록 만들고 있다.

수직적 통합을 통해서 형성된 초국적 농식품복합체와 그들이 장악한 세계농식품체계의 틈바구니에서 농민과 소비자의 입지는 줄어들고 있다. 특히 소농과 가족농의 입지는 더욱 줄어들었다.

초국적 농식품복합체는 먹거리 생산 과정을 거의 대부분 그 내부에서 소화한다. 예를 들어 곡물 메이저 중 최대 기업인 카길과 몬산토의 제휴를 보자.

몬산토는 종자, 농약, 비료를 비롯한 각종 농업 투입재를 생산한다. 그리고 카길은 생산된 곡물을 수집, 가공, 운송, 무역하고, 가공된 곡물 사료와 연계된 축산, 축산물 도축 및 가공 계열까지 갖추고 있다. 농민들은 산지 수집업체가 요구하는 작물과 품종을 선택할 수밖에 없다. 카길에 수확물을 팔려면 몬산토의 종자를 재배해야 한다. 몬산토 종자를 재배하려면 몬산토의 농약을 비롯한 투입재를 패키지로 구매해야 한다. 축산 역시 마찬가지다. 카길에게 가축을 팔려면 카길에서 판매하는 사료를 구입해야 한다. 특히 카길은 농업 금융 부분에까지 진출했다. 이를 통해 농민들이 농자재를 구입할 자금을 조달할 수 있도록 해줌으로써 농민들을 전방위로 옭아매고 있다.

우리나라의 축산에도 이러한 현상이 나타났다. 농가에 필요한 각종 투입재 판매와 다 키운 가축을 구매하는 일까지, 계열화를 통해 한 기업이 통합 거래하는 비율이 늘고 있다. 대표적으로 '하림'이 국내 계열화의 선두를 차지하고 있다. 하림은 병아리부터 사료, 영양제, 항생제에 이르기까지, 닭을 사육하는 데 필요한 거의 모든 것을 농가에 일괄 판매한다. 다 자란 닭을 하림이 구입하는 조건이다. 안정적인 판매를 위해서 농가는 하림에서 요구하는 조건을 받아들일 수밖에 없다. 농민들은 경험과 지식을 바탕으로 농사를 짓는 것이 아니라 기업의 매뉴얼에 따라 작동하는 로봇이 되고 있다.

농기업들의 시장 지배력이 커질수록 농민들은 무엇을 재배할지, 어떤 방식으로 재배할지, 어디에 팔지에 대해서 결정권을 잃어간다. 모든 결정이 마치 '시장'을 통해서 이루어지는 것처럼 보이지만, '시장'이 바라는 것은 바로 농기업들이 원하는 바가 되었다.

농민들의 선택권은 줄어들고 위험 부담은 커지는 것이다. 먹거리 생산의 주역이던 농민은 이제 그저 노동력을 지닌 생산 도구로 전락하고 있다.

종자 산업의 새로운 도전, 끊임없는 시장 개발

기후변화 대응 종자와 새로운 이윤 창출

"우리가 문제를 만들었던 것과 같은 사고방식으로는 그 문제들을 해결할 수 없다"고 아인슈타인은 경고했지만, 생명공학은 여전히 과거의 기술 때문에 만들어진 문제를 새로운 기술로 해결할 수 있다고 믿는다. 지구온난화로 인해 나타나는 환경 문제를 생명공학 기술의 발전으로 극복하겠다고 한다.

생명공학을 옹호하는 입장인 응용물리학자 데이비드 키스David Keith(현재 하버드 대학 교수)조차 생명공학에 대해 "(기후변화와 같은) 의도하지 않은 결과에 대항하기 위해 본질적인 원인을 해소하지 않은 채 추가적인 기술을 활용하는 편의주의 해결책"이라고 지적한다.

무분별한 석유화학 에너지 사용으로 기후변화에 실질적인 책임을 져야 할 선진국들은 온실가스 배출량을 감축하는 근본적인 대안은 거부한 채 기후변화에 대응하기 위한 생명공학 기술을 내세우고 있다.

> "전 세계 농민들은 가뭄을 견디는 이 옥수수 종자를 사용하기 위해 기술 제공자들에게 수억 달러를 특허사용료로 지불하게 될 것이다."(2010년 4월 21일) —마이클 맥Michael Mack/신젠타 회장

초국적 기업들은 환경 스트레스에 내성을 지닌 기후변화 대응 유전 형질을 개발하는 데 중점을 두고 있다. 이를테면 가뭄, 염분 함량이 높은 토양, 질소 부족, 더위, 추위, 냉해, 결빙, 영양 부족, 광도, 오존, 산소 부족과 같은 스트레스 환경에 대해 내성을 지닌 새로운 GMO 작물을 개발하는 것이다. 이제까지 수없이 많은 GMO 작물이 개발되었지만 제초제 저항성과 살충성 종자만이 상업적으로 성공했던 경험에 비추어 볼 때 실제 효과가 있을지는 미지수다. 게다가 이미 살펴본 바와 같이 유전자조작 기술 자체가 불안정한 결과를 낳을 수밖에 없고 인체에 무해하다는 것이 입증되지 않은 상황에서, 이들의 움직임은 그저 유전자에 대한 특허를 통해 새로운 시장을 형성하고 지배하려는 시도에 불과하다.

기후변화-적응 특허 청구 현황(2008년 6월 30일~2010년 6월 30일)

양수인	대응특허•	비중(%)	전체 특허와 대응 출원	등록된 특허
듀폰	114	44	240	104
바스프 (CropDesign, Metanomics 포함)	48	18	522	53
몬산토(바스프와 협력)	11	4	122	3
멘델 바이오테크놀로지 Mendel Biotechnology	4	2	232	21
신젠타	6	2	39	2
에보젠Evogene (바이엘, 몬산토-듀폰, 리마그랭과 제휴)	8	3	64	1
바이엘	7	3	43	2
다우Dow	3	1	18	1
양수인 없음	17	7	99	5
기타	43	16	272	28
전체	261	100	1,663	221

출처: ETC Group, *Capturing 'Climate Genes'*, p. 7.

기업의 경향을 그대로 반영하듯 최근 생명공학의 특허는 주로 환경 스트레스 내성에 관한 것이 주를 이룬다. 2008년과 2010년 사이 최소 261개 특허가 공시되었다. 그런데 그중 77퍼센트인 201개 특허를 단 6개 기업과 이들의 기술 제휴 기관들이 쥐고 있다.

초국적 기업들에게는 기후변화나 지구온난화도 그저 새로운 시

• 동일 제품이라도 이미 받은 특허와 구별되는 신규성, 구별성, 비자명성non-obviousness(해당 기술 분야에 통상의 지식을 가진 자가 당시 이미 알려진 발명으로부터 용이하게 발명할 수 없을 정도의 창작성이 있는 것) 등을 증명할 수 있을 경우 대응특허를 출원할 수 있다.

장일 뿐이다. 위기를 기회로 활용하는 것이 아니라 모든 위기가 이들에게는 새로운 돈벌이의 창구로 활용된다. 정부의 후원과 과학의 권위도 기업의 소유를 정당화하는 수단으로 철저히 이용된다.

국가 전략 산업과 생명공학의 만남, 기업 이익의 세계화

"우리의 주된 관심은 미국의 기술을 보호하는 것이다. 우리 임무는 미국의 농업을 보호하고, 외국과의 경쟁에 맞서 우리의 경쟁력을 키우는 것이다. 이렇게 하지 않는다면 그 기술을 보호할 도리가 없다."

—멜빈 올리버Melvin J. Oliver/미 농무부 분자생물학 연구원

"우리의 목표 시장으로 인도, 중국, 베트남, 필리핀, 인도네시아와 함께 한국도 고려하고 있다."

—스콧 넬슨Scott Nelson/듀폰파이오니어 수석연구원

이들은 주력하고 있는 새로운 종자 개발, 즉 벼 교배 품종에 대한 투자는 분명히 아시아 국가의 시장 확보를 목표로 한 것이다. 특히 한국과 같이 GMO 상업 재배가 허용되지 않는 나라들의 종자 시장 개방은 이들 기업에 중요한 문제다.

식량 부족 문제를 해결하고 개발도상국의 농업 발전을 지원한다

스콧 넬슨/듀폰파이오니어 수석연구원

"지난 3, 4년 동안 벼 교배 품종에 대한 투자를 해왔다. 사실 지난 15년간 벼 품종 연구를 해왔는데, 최근에 벼 연구에 대한 투자를 더 확대했다. 우리의 목표 시장으로 인도, 중국, 베트남, 필리핀, 인도네시아와 함께 한국도 고려하고 있다."

몬산토의 인공 기후 조건 식물생장실

는 목적을 표방하는 국제미작연구소International Rice Research Institute(IRRI)와 같은 기구들은 종자 시장을 확대하고 생명공학 기술을 합리화하는 데 더 많은 노력을 기울이고 있다. 국제미작연구소의 유전자은행은 아시아 국가들에서 수집한 벼 품종 약 8만 여종을 보유하고서 뜻대로 활용하고 있다. 게다가 GMO 쌀이 식량 위기에 해답이 될 수 있다는 주장을 내세우며, 컨소시엄을 구성해 GMO 쌀의 개발과 보급에 앞장서고 있다. 국제미작연구소가 제3세계 국가들의 유전자원을 빼앗아가는 제도적인 네트워크 역할을 하는 셈이다.

전 세계 생물 유전자원의 90퍼센트는 제3세계 국가들에 있는 반면, 이 생물 유전자원에 대한 기술 특허는 상당수가 선진국과 초국적 기업들이 보유하고 있다. 전 세계에서 수집된 유전자원은

게리 바톤/몬산토 홍보팀

"우리는 아시아에서 아프리카까지 전 세계 농업(기후, 토양) 조건을 여기에 구현할 수 있다."

기업이 발명한 종자로 둔갑하여 전 세계 농민들에게 팔린다.

그리고 각국 정부들이 이들 기업의 뒤를 밀어준다. 미국에서 종자 산업은 국가 경쟁력 강화를 위해 필요한, 고부가가치를 생산하는 첨단 산업으로 인식되고 있다. 미국 정부는 종자 개발의 타당성을 옹호하는 기초적 연구의 토대를 마련하는 한편, 상용화에 중점을 둔 기업들과 협력 체계를 구축하는 등 적극적으로 지원하고 있다. 농민과 소비자의 관점이 아닌 기업의 관점이다. 다른 여러 선진국도 생명공학 산업을 국가 전략 산업으로 규정하면서 기업 중심 종자 개발에 투자를 아끼지 않는다.

주요 국가의 종자 시장 규모와 종자 산업이 농업에서 차지하는 비중

국가	미국	중국	프랑스	브라질	인도	일본	기타	합계
시장 규모(억 달러)	85	40	22	20	15	15	168	365
비중(%)	23	11	6	6	4	4	46	100

출처: ISF, *Estimated Value of the Domestic Seed Market in Selected Countries*, 2008. 6, www.worldseed.org.

여러 초국적 기업들은 한국이 그들 기업에 기술 지원을 할 수 있을 정도로 발전된 역량을 가지고 있으며, 앞으로 각종 규제 완화를 통해 자신들이 더욱 활발히 진출할 수 있는, 잠재력 있는 시장이라고 평가한다. 이미 한국 정부는 다국적 기업과 공동으로 세계적인 GMO 작물을 개발해 세계 종자 시장에 진출하겠다는 계획을 내놓았다. 기술 연구가 200여 건 진행되고 있기는 하나 아직 상용화하거나 상품화한 사례는 없다. 한국 사회에서 여전히 GMO에 대해 비판적인 여론이 높은 데다, 초국적 종자기업들이 장악해버린 국내 종자 시장에 새롭게 뛰어드는 데는 위험이 따르기 때문이다.

한국 정부는 국가 전략 차원에서 종자 산업을 중요하게 육성하겠다고 하지만, 정책의 내용을 들여다보면 종자 시장의 운명을 기업들에게 맡기겠다는 말이나 같다. 한편으로는 집중 투자를 조성해 몬산토와 같은 종자기업을 육성하겠다고 하고, 다른 한편으로는 초국적 기업의 국내 투자를 더욱 활성화해야 한다고 한다. 국가 전략 산업과 생명공학 기술의 만남은 결국 기업 이익의 세계화로 나아갈 뿐이다.

5

종자 주권을 위해

독점의 시대에서 나눔의 시대로

종자 전쟁,
무엇을 위한 전쟁인가?

미래를 보는 서로 다른 시선

지금 세계는 종자 전쟁의 한복판에 있다. 지금까지 우리는 종자 개발의 역사적 흐름과 다양한 사례를 통해 이 전쟁의 참상을 확인했다. 종자 전쟁은 표면상 농민들과 농기업 간의 갈등으로 나타난다. 그리고 여기에 기업의 종자 사유화·독점과 GMO를 반대하는 시민단체들, 생명공학을 신봉하는 정부들, GMO에 대해 상반된 견해를 보이는 연구자들이 참여하고 있다.

이 전쟁에서 역설적인 것은 양쪽이 모두 같은 목적을 내세우고 있다는 것이다. 바로 "미래의 먹거리를 보장한다"는 것이다. 양 진영은 식량 위기의 시대, 기후변화에 따른 위기의 시대에 충분하고

안정적인 먹거리 생산을 보장한다는, 같은 목적을 내세우면서 서로 다른 곳을 바라보고 있다.

종자 전쟁의 명분이 식량 위기 극복에 있다는 사실이 보여주듯 종자 전쟁의 배경에는 더 큰 '먹거리 전쟁'이 자리하고 있다.

'농장에서 식탁까지' 혹은 '종자에서 식탁까지', 거대 농기업들은 먹거리의 생산부터 가공, 유통, 판매에 이르기까지 전 과정에 개입해 최대한의 이윤을 얻으려 한다. 이 최대한의 이윤을 얻는 데 종자는 가장 중요한 자원이다. 농업을 통해 먹거리를 생산하는 데 필수적인 자원들, 곧 땅, 물, 공기, 햇빛, 종자 중에서 기업이 전 세계적으로 통제할 수 있는 자원은 종자뿐이기 때문이다. 땅과 물도 기업이 사유화를 통해 큰 이윤을 얻을 수 있는 자원이지만 국가 간의 장벽을 뛰어넘어 통제하기란 쉽지 않다. 하지만 종자는 WTO가 보장하는 특허와 지적재산권을 통해 전 세계를 대상으로 통제하고 좌우할 수 있는 자원이다. 이 때문에 먹거리를 둘러싼 거대한 전쟁 중에서도 종자 분야에서 가장 치열한 싸움이 벌어지고 가장 참혹한 결과가 나타난다.

거대 농기업들은 종자를 먹거리가 아닌, 이윤을 가져다줄 상품으로 본다. 농사를 위해 뿌린 씨앗이 다시 씨앗으로 뿌려질 수 없도록 만드는 터미네이터 기술, 자기 회사의 농약을 사용해야만 싹이 트게 하는 트레이터 기술……. 부모 세대의 생명이 다음 세대의 생명으로 이어지는 생물체의 자연 속성마저 기술로 제어하고 이를 통해 이윤을 얻으려 한다. 그런 거대 농기업들이 과연 인류와 먹거리의 미래를 고민하고 있을까?

어떤 미래를 선택할 것인가?

종자 전쟁의 결과는 두 가지밖에 없다. 사람을 위한 먹거리가 남을 것인가, 기업의 이윤이 남을 것인가? 우리는 선택의 기로에 서 있다. 안전한 먹거리를 안정적으로 보장받고 싶은 인류의 욕구와, 종자 독점을 통해 많은 돈을 벌고자 하는 기업의 욕구가 타협할 수 있는 중간 지점은 없다. 그렇다면 우리는 어떤 선택을 할 것인가?

우리 눈앞에 지금 농민들과 거대 농기업의 전쟁이 펼쳐지고 있다. 우리는 이 전쟁이 끝나기를 기다려 그 결과에 따를 수밖에 없을까? 종자를 단순히 농업에 투입되는 농자재의 하나로만 본다면 일반 소비자에게 종자 전쟁은 생산자들끼리의 싸움일 뿐이다. 하지만 GMO 확산에 따른 소비자의 선택권 박탈, 그리고 먹거리의 안전성이 확보되지 않는 문제를 보면 알 수 있듯이 종자 문제는 '우리가 먹고사는 문제'로 직결된다. 때문에 종자 전쟁을 통해 누가 무엇을 얻는지 그 본질을 이해하고, 어떤 대안과 미래를 선택할 수 있는지 아는 것은 매우 중요한 일이다.

농민권 vs 특허권

내 농장이 GMO에 오염되었는데, 내가 배상을 해야 한다고?

캐나다 서스캐처원 주에서 농사를 지어온 퍼시 슈마이저Percy Schmeiser와 거대 농기업 몬산토의 소송은 세계적으로 잘 알려진 사건이다. 슈마이저 씨는 50년이라는 긴 세월 동안 그 어떤 회사의 종자도 사서 심어본 적 없는, 자신이 농사지은 작물에서 씨를 받아 이듬해 농사를 짓는 전통적인 농부였다. 그런데 어느 날 세계 종자 시장 점유율 1위라는 엄청난 위치에 있는 농기업 몬산토에게 고발당해 법정 싸움까지 하게 되었다. 한마디로 계란으로 바위 치기라고 할 수 있는 이 싸움은 어떻게 일어난 것일까?

슈마이저 부부는 농지 일부에 카놀라(유채꽃)를 재배하고 있었다. 1997년 어느 날, 농지에 있는 전신주 주변의 잡초를 정리하려고 라운드업 제초제를 뿌렸는데, 이상한 일이 생겼다. 강력한 제초제 성분으로 다른 잡초들과 함께 죽었어야 할 전신주 근처의 카놀라 일부가 살아남았던 것이다. 이를 이상히 여긴 슈마이저 씨는 근처의 다른 경작지에도 라운드업 제초제를 뿌려보았고 역시나 일부가 살아남았다. 슈마이저 씨가 알아본 결과 인근의 몇몇 농가에서 몬산토의 GMO 카놀라를 재배하고 있다는 사실이 확인되었다. 그제야 슈마이저 씨는 자초지종을 파악할 수 있었다. 바로 자신의 농장에서 자라는 카놀라 일부가 이웃의 GMO 카놀라 씨앗에 오염된 것이었다.

카놀라 한 그루에는 씨앗이 수천 개 들어 있다. 이웃 농가의 GMO 카놀라 씨앗이 바람에 날려 슈마이저 씨의 밭으로 와 뿌리를 내렸을 수도 있고, 이웃의 농민이 사들인 GMO 종자를 운반하던 트럭에서 흘린 씨앗이 밭에 떨어져 뿌리를 내렸을 수도 있다. 슈마이저 씨는 농약도 최소한으로 사용하면서 질 좋은 카놀라를 수확해 가축들에게 먹이고 식용유로도 사용해왔는데, 자신도 모르는 사이에 농장이 오염되었다는 사실에 억울했다. 그런데 슈마이저 씨의 억울함은 거기에서 끝나지 않았다. 몬산토캐나다 Monsanto Canada Inc.에서 슈마이저 씨를 "특허 조치된 유전자 및 세포를 포함하는 식물을 허가 없이 재배함으로써 몬산토의 독점권을 침해했다"며 고발한 것이다.

몬산토의 고발로 슈마이저 씨는 긴 법정 싸움을 시작하게 되었다. 세계 종자 시장• 점유율 1위, 연간 약 5조 원의 매출액을 올리는 몬산토와 캐나다의 한 농부의 싸움, 몬산토를 대변하는 변호사 열아홉 명과 슈마이저 씨를 대변하는 변호사 단 한 명의 싸움, 현대판 다윗과 골리앗의 싸움이 시작된 것이다.

2001년 연방법원, 2002년 연방항소법원, 2004년 캐나다대법원까지 세 차례 벌어진 재판에서 법원은 슈마이저 씨가 몬산토의 특허를 침해했다고 인정했다. 법원의 판결로 슈마이저 씨는 수십 년간 재배해왔던 씨앗을 (몬산토의 특허를 침해한 씨앗이라는 이유로) 죄다 버리고, 그해 작물을 팔아 얻은 소득까지 몬산토에 배상해야 했다. 농부로서 평생을 공들여 쌓아온 자산인 씨앗을 결국 빼앗긴 것이다. 게다가 거대 농기업을 상대로 한 재판에다 은퇴 자금으로 모아뒀던 50만 달러를 모두 털어 넣어야만 했다.

한 농부가 원하지도 않았던 GMO 종자 유입으로 평생 키우고 개량해온 종자를 잃고, 농부로서의 삶마저 위협받는 상황에 처했

• 국제종자연맹(ISF)의 통계와 별도로 세계 종자 시장의 규모와 주요 기업별 점유율을 조사하여 발표한 ETC 그룹의 2008년 보고서에 따르면, 2007년을 기준으로 세계 상업종자 시장(농민들이 스스로 수확해서 다시 파종하는 것을 제외한)의 규모는 267억 달러이며, 그중 특허권 등 소유권이 있는 종자의 거래 규모는 220억 달러다.

다. 현실에서 벌어지는 다윗과 골리앗의 싸움은 성경과 달리 냉혹했다.

포기를 모르는 농부, 몬산토에 승리하다

모두가 싸움이 끝났다고 생각했을 것이다. 비록 슈마이저 씨가 종자는 빼앗겼지만 몬산토가 청구한 배상금 40만 달러까지 물어야 한다는 판결은 피했기 때문에 어쩌면 다행이라고 생각한 이들도 많았을 것이다. 하지만 슈마이저 씨는 포기하지 않았다.

슈마이저 씨는 재판이 끝난 이듬해인 2005년, 몬산토를 상대로 소액 재판을 청구한다. 원치도 않은 GMO 카놀라에 농장이 오염되었으므로 슈마이저 씨는 몬산토가 자신의 농장에서 GMO 카놀라를 제거할 책임이 있다는 소송을 제기한 것이다. 2008년 3월 몬산토는 결국 슈마이저 씨에게 GMO 카놀라 제거 비용을 660달러에 합의할 것을 제안한다.

하지만 몬산토는 합의하는 조건으로, 이 합의 결과를 대외에 발표하지 말 것을 요구했다. 슈마이저 씨는 몬산토의 요구를 받아들이지 않고 이 사실을 널리 알렸고, 슈마이저 씨를 지지하는 많은 이들은 이를 두고 슈마이저 씨와 농민의 도덕적 승리라고 이야기했다. 몬산토가 '오염' 문제를 시인하도록 합의를 끌어냈기 때문이다.

퍼시 슈마이저

"몬산토가 농민권에 대항해 자신들의 특허권이 어디까지 행사될 수 있는지 확인하고자 했던 게 소송의 요지다. (중략) 이것은 굉장히 중요한데 판사가 판결 내리기를 GMO의 오염 정도는 상관없다고 했다. 2퍼센트만 오염되어도 더 이상 자신의 종자와 식물에 대한 소유권을 가질 수 없다는 것이다. 이는 종자에 대한 통제권을 행사하는 데 특허법이 갖는 위력을 잘 보여준다."

몬산토 한국 홈페이지에서는 퍼시 슈마이저 씨와의 소송에 관해 다음과 같이 이야기한다.

> 한 가지 분명한 사실은 퍼시 슈마이저는 영웅이 아니라는 점입니다. 그는 단지 자신에게 유리한 이야기를 만들어내는 특허법 위반자일 뿐입니다. 특허법을 준수하며 농작물을 재배하는 대부분의 선량한 농업인들과는 달리 슈마이저는 정당한 대가를 지불하지 않은 채 몬산토가 개발하여 특허를 신청한 종자를 불법 재사용했습니다.•

이것이 바로 거대 농기업이 종자를 바라보는 시각이다. 그들에게 종자는 이윤을 가져다줄 특허 상품이며, 농민은 자신들의 특허 상품을 구매해야 하는 소비자일 뿐이다. 이에 대해 농부로서 종자의 소중함을 이야기하는 슈마이저 씨의 얘기를 들어보자.

"서부 캐나다의 다른 농민 대부분과 같이 나도 나의 종자를 보관해왔습니다. 수년간의 수확과 종자 선택 과정을 통해 나는 수확량이 많고, 이 지역의 질병에 저항성이 크며, 상대적으로 주변에 잡초가 적은 종자를 얻을 수 있었습니다. (중략) 하지만 나는 싸워야 합

• http://www.monsantokorea.com/record/saved_seed_lawsuits_2.asp.

니다. 내게 지지를 보내는 전 세계 농민들의 뜻을 알고 있습니다. 농민들은 자신들이 사용할 기술technology과, 자신들이 키울 작물과, 자신들이 보존할 종자를 선택할 권리를 보장받아야 합니다."

몬산토와 슈마이저 씨의 주장을 통해서 우리는 이 싸움에 담긴 근본적인 권리 투쟁에 대해 생각해볼 수 있다. 바로 농민권과 특허권의 싸움이다.

농민권farmers' right이란 농민들이 다양한 자원을 이용해 농사지을 수 있는 권리를 말한다. 곧 땅과 물, 씨앗, 그리고 농사 기술 등 다양한 자원을 농민이 자유롭게 선택해 활용하고 생산할 수 있는 권리를 의미한다. 비록 당시 재판에서는 농민권이라는 개념이 법에 규정되어 있지 않고 사회적으로도 통용되지 않는 상황이었기 때문에, 슈마이저 씨 개인의 종자 소유권과 몬산토의 유전자 특허권 사이에 벌어진 분쟁으로 이해되었지만 슈마이저 씨와 그를 지지하는 전 세계 농민들은 농민권 인정을 가장 중요한 문제로 생각했다.

농민권의 관점에서 종자는 농민이 선택하고 가꿔 나갈 수 있는 자연자원의 하나다. 이러한 관점에서 씨앗은 농사의 시작이자 끝이며, 끝과 시작을 다시 이어주는 순환의 고리이기 때문에 매우 소중한 자원이 되는 것이다. 반면 특허권의 관점에서는 종자를 자연에서 얻는 것이 아니라 누군가 특정인에게 권리가 있는 상품의 일종으로 본다. 때문에 특허권의 관점에서 보면 종자는 수확이 끝나면 다시 얻어지고 순환하는 것이 아니라 새로 구매하는 상품이

몬산토를 비판하는 포스터

키신저의 말을 인용한 "먹거리를 통제하라, 그럼 사람들을 통제할 수 있다." 출처 http://seeker401.wordpress.com/2012/04/17/monsanto-hooks-nepal-on-gmo-corn/

몬산토의 목표를 한마디로 말하면, "우리가 소유하지 않은 먹거리는 자랄 수 없을 것이다." 출처 http://wakeup-world.com/2011/10/11/indian-government-files-biopiracy-lawsuit-against-monsanto/

되어야 충분한 가치가 발휘되는 것이다.

이렇게 종자를 상품으로 보는 시각에서 출발한 결과물이 지금의 수많은 종자 특허와 특허 종자들에 대한 사용료(로열티)다. 종자에 대한 특허를 많이 보유하고 있는 거대 농기업들은 황금 알을 낳는 거위와도 같은 종자를 통해 계속 이윤을 얻고자 터미네이터 종자까지 개발해냈다. 생명체가 다음 세대로 이어지는 자연의 섭

리마저 기술로 막는 데까지 다다른 것이다.

슈마이저 씨와 몬산토의 싸움이 이제는 세계 곳곳에서 벌어지고 있다. 전 세계에서 수많은 슈마이저가 거대 농기업과 싸우고 있다. 이 싸움의 결말은 인류의 미래로 직결된다. 세계적으로 식량 위기와 기후변화에 따른 위기에 접어든 지금, 먹거리의 시작과 끝인 종자에 대한 권리를 누가 가지느냐 하는 문제는 결국 누가 먹거리를 지배하는가 하는 문제이기도 하다. 지금까지 인류 역사에서 항상 먹거리 생산을 책임져온 농민들의 권리로 둘 것인가, 아니면 소수의 이익에 우선 목적을 둔 기업에 넘겨줄 것인가. 거대 농기업들은 씨앗이라는 인류의 오래된 미래를 '특허'라는 명분하에 자신의 것으로 만들어가고 있다. 이제 우리는 어떤 미래를 그릴 것인지 결정해야 한다.

미래를 위한 국제적인 노력

생물다양성협약과 식물유전자원조약

우리에게도 익숙한 '지속 가능한 발전'•이라는 용어를 세계적으로 널리 확산하는 계기가 되었던 리우 회의(1992년 6월 3일~14일 브라질의 리우데자네이루에서 열려 각국 대표와 민간단체들이 참석한 유엔 환경개발회의, 이하 UNCED)에서, 다양한 생물자원의 이용과 보전에

• '지속 가능한 발전Sustainable Development'이라는 개념은 1987년 세계환경개발위원회(WCED)가 발표한 〈브룬트란트 보고서The Brundtland Report〉의 "우리 공동의 미래"에서 처음 제시됐다. 지속 가능한 발전이란 "미래 세대가 그들 스스로의 필요를 충족할 수 있게 하는 능력을 저해하지 않으면서 현재 세대의 필요를 충족하는 발전" 또는 "자원 이용, 투자 방향, 기술 발전 그리고 제도의 변화가 서로 조화를 이루며 현재와 미래 세대의 필요와 욕구를 증진하는 변화의 과정"을 의미한다.

대해 포괄적으로 규정하는 첫 국제 협약이 맺어졌다. 바로 생물다양성협약Convention on Biological Diversity(CBD)이다. 1970년대 후반부터, 생물 유전자원의 중요성을 인식하게 된 여러 나라에서 각기 유전자원의 이용과 보전을 위한 국내법을 제정하기 시작했다. 국제적으로는 한발 앞섰던 유럽이 1961년 국제식물신품종보호동맹(UPOV조약)을 채택했고, 1983년 FAO는 '식물 유전자원에 대한 국제지침International Undertaking on Plant Genetic Resources(이하 국제지침)'을 채택했다. 그 뒤 1992년 브라질의 리우데자네이루에서 개최된 UNCED(일명 리우 회의 혹은 지구정상회담)에서 생물다양성협약이 채택된 것이다.

생물다양성협약은 환경 문제에 대한 인식과 생명 윤리에 대한 문제의식이 확산되면서 그 필요성이 제기되었다. 오존층 파괴, 지구온난화, 산업 발전에 따른 마구잡이 개발로 생물 서식지와 생태계가 파괴되고, 인간 중심의 개발로 다른 동식물 생명체가 멸종되거나 개체수가 심각하게 줄어드는 현상에 대한 인식과 문제의식을 국제사회가 공유한 것이다. 생물다양성협약 제2조에서는 생물다양성을 다음과 같이 정의한다.

> 생물다양성biological diversity ; biodiversity이란 "육상 · 해상 및 그 밖의 수중 생태계와 이들 생태계가 부분을 이루는 복합 생태계 등 모든 영역에서 생물체 간의 변이성을 말하며, 이는 종 내의 다양성, 종간種間의 다양성 및 생태계의 다양성을 포함한다."

다시 말하면 생물다양성이란 지구상에 있는 생물 종species의 다양성, 생물이 서식하는 생태계ecosystem의 다양성, 생물이 지닌 유전자gene의 다양성을 총체적으로 지칭하는 말이라고 할 수 있다.

생물다양성협약의 내용은 복잡하지만 크게 두 가지 측면으로 나누어 볼 수 있다. 한 가지는 생물다양성 보전을 위해 국제적인 합의와 대책을 마련하고 노력한다는 것이다. 그리고 다른 한 가지는 생물 유전자원에 대한 공평한 접근권을 보장하고 기술 개발을 장려하면서 관련 이익이 공평하게 돌아가도록 한다는 것이다. 생물다양성의 보전 못지않게 유전자원의 활용과 이익 배분에 관한 내용이 큰 비중을 차지하는 것은 유전자원 관련 기술 개발이 식량 증산 등 인류의 미래를 위한 대책으로서 큰 역할을 할 것이라는 각국의 기대가 있기 때문이다.

생물다양성협약에 담긴 유전자원의 중요성에 대한 인식을 농업과 식량의 측면에서 구체적으로 다룬 국제적인 약속이 '식량·농업 식물유전자원에 대한 국제조약International Treaty on Plant Genetic Resources for Food and Agriculture(ITPGRFA, 이하 식물유전자원조약)'이다. 식물유전자원조약은 앞서 이야기한 FAO의 1983년 '국제지침'을, 지속적 농업 발전과 인류의 식량 안보를 위해 생물다양성협약의 목적 및 취지에 부합하는 방향으로 개정한 것이다. 1992년 생물다양성협약 채택 후 1993년 FAO 총회에서 개정을 합의하고, 1994년 FAO 제1차 식물유전자원

위원회Commission on Genetic Resources for Food and Agriculture(CGRFA) 임시 회의에서 개정 논의가 시작되었다. '국제지침International Undertaking'을 '국제조약International Treaty'으로 변경하고 개정한 내용이 2001년 11월 제31차 FAO 총회에 상정되어 투표를 통해 채택되었고, 2004년 6월 29일 발효되었다.•

생물다양성협약과 식물유전자원조약은 농업과 종자의 측면에서 몇 가지 중요한 의미를 지닌 국제적 약속이다. 첫째, 환경과 인류의 미래를 고려하지 않은 무조건적인 개발에서 탈피해 지속 가능한 농업의 관점에서 생물 및 생물 유전자원을 고려하기 시작했다. 둘째, 농업 분야 생물다양성의 감소가 인류와 각 국가의 식량안보에 위협이 된다는 것을 인식하고, 식량안보 보장을 위해 생물 및 생물 유전자원에 접근하고 활용할 것을 천명한다.

하지만 이와 같은 긍정적 의미와는 별개로, 국제적인 약속이 지켜지는 데는 현실적인 갈등이 존재한다. 종자 문제에서 단적으로 볼 수 있는 것처럼 식량·농업 유전자원의 활용에 거대 농기업들의 이익이 직결되어 있기 때문이다. 곧 종자의 선택과 파종 그리고 수확한 작물로부터 다시 종자를 얻는 권리를 농민권으로 인정한다면 이는 종자기업들에게는 막대한 손해가 된다. 반면 기업의 지적재산권·특허권에 대한 인정을 중심으로 조약을 적용한다면

• 우리나라는 2009년 1월 20일에 가입했으며, 같은 해 4월 20일 발효했다.

농민들은 종자에 대한 권리에 심각한 제약을 받게 된다. 이 문제에 관한 국제적인 논의는 아직도 결론이 내려지지 않았다. 현재로서는 지적재산권이나 육종가의 권리는 법적으로 인정하면서 농민권 인정 문제는 개별 국가에서 결정하도록 하여 전 세계 농민들의 비난이 높다.

인류의 보편적 이익 vs 특정 기업의 이익

생물다양성 보전과 유전자원 이용을 큰 틀에서 합의했음에도 법적 구속력이나 강제력이 없는 생물다양성협약과 달리, 좀 더 구체적인 내용이 담긴 식물유전자원조약은 내용에 대한 합의와 실행을 두고 실질적인 이익을 둘러싼 세력 간의 갈등이 첨예하다.

2011년 3월 14일부터 18일까지 인도네시아 발리에서 '식량·농업 식물유전자원에 대한 국제조약' 4차 이사회가 열렸는데, 당시 이사회를 참관했던 한국의 농민들과 민간 대표단은 아래와 같은 입장을 발표했다.

> 우리가 이렇게 씨앗협약에 관심을 갖는 이유는 이 협약이 국제 협약 가운데 유일하게 '농부권'을 인정하고 있기 때문이다. 식량·농업 식물유전자원에 대한 국제조약(이하 씨앗협약)은 씨앗에 대한 농민의

권리를 공식적으로 인식하고 모든 당사국들의 합의를 모아낸 것과 함께 식물 유전자원의 보존을 목적으로 만들어졌다. 2004년에 만들어졌고, 우리나라는 2009년에 가입을 했다. 이 조약에 가입한 나라의 수는 현재 127개국이다. WTO의 무역 관련 지적재산권 협정(TRIPs)과 국제식물신품종보호동맹(UPOV) 체계와 같이 소농들을 하찮은 존재로 만드는 국제협정에 비해 이 씨앗협약은 농부권을 인정하고 있다.

위에서 이야기하듯 농민들은 식물유전자원조약이 다른 국제협정들과 달리 농민권(농부권)을 인정하기 때문에 중요하다고 인식하고 있으며, 농민권에 대한 인정이 더 적극적으로 조약에 반영될 수 있도록 노력하고 있다.

반면 이들 농민과는 다른 관점에서 식물유전자원조약에 적극적으로 개입하는 이들이 있다. 바로 수많은 종자 관련 특허를 보유하고 계속해서 개발하고 있는 거대 농기업들과, 종자의 상품화와 특허를 통해 얻을 것이 있다고 생각하는 상당수 각국 정부들이다.

농민권 인정을 주장하는 전 세계의 농민들과 특허권을 주장하는 기업과 정부들, 이들이 같은 식물유전자원조약을 두고 다르게 생각하는 것과 얻고자 하는 이익은 무엇인가?

먼저 농민들은 농업 및 식량 유전자원이 중요하니 종다양성을 보존·복원해야 한다고 주장한다. 반면 거대 농기업들은 특성 있는 작물을 더욱 개발하고 개발자의 권리를 보호하자고 한다. 양쪽이 모두 세계적인 식량 위기와 기후변화에 대한 대비책으로 종다양성의 확대와 종자의 중요성을 이야기하지만 그 접근법은 상당히 다르다.

농민들은 농업이 산업화 과정을 밟으며 상품성이 높은 소수 작물을 중심으로 한 고투입 대량생산 체계로 바뀌고 그 과정에서 종다양성이 감소되고 환경적 부작용이 발생했던 문제를 극복하고자 한다. 그래서 다시 지역의 기후와 풍토에 맞는 다양한 작물을 생산하는 생태친화적인 농업 체계로 전환하고자 한다. 농민권을 주장하는 농민들은 다양한 품종을 적당량 생산하면서, 자연적인 수정과 교배를 거치면 지역의 환경에 맞는 다양한 종자가 확산되고, 기후변화에도 살아남는 품종이 만들어지리라 믿고 있다.

반면 거대 농기업과 기존의 고투입 대량생산 체계를 유지하려는 상당수 정부 들은 상품성이 강한 소수 작물의 유전자원 개발을 통해 위기에 대처할 수 있다고 생각한다. 예를 들면 농약 과다 투입 문제를 해결하기 위해서는 해충에 저항성을 띠는 유전자조작 작물을 재배하면 살충제 사용량이 감소할 것이다. 또 기후변화에 대처하기 위해서는 가뭄에 저항성을 지닌 유전자조작 작물을 재배하면 불리한 기후 조건에서도 수확량이 줄어들지 않으리라는 식이다.

하지만 이렇게 유전자조작 작물을 개발과 사용이 실질적으로 농약 사용량을 줄였다고 입증된 적은 없다. 이 와중에 유전자조작 작물로 인한 생태계 오염과 과학적으로 입증되지 않은 유전자 조작 작물의 안전성에 대한 우려는 더욱 커지고 있다. 결정적으로 특허와 지적재산권을 통해 이윤 확대를 추구하고자 하는 기업과 상품 시장은 그 특성상 종다양성 확대보다는 이윤을 보장받는 소수 작물 개발에만 집중하게 될 것이 너무도 명백하다. 곧 기업의 유전자원 개발이 종다양성 확대로 연결되기를 기대하기란 매우 어렵다.

다음으로 종자에 대한 농민의 권리를 보장하는 것은 인류의 보편적인 이익에 이바지하지만, 기업의 지적재산권과 특허를 보호하는 것은 기업과 이해관계를 가진 소수의 이익만을 위하는 일이다. 농민들이 씨앗을 땅에 심고 수확해서 다시 씨앗을 얻는 것은 또 다른 생산, 곧 재생산을 위한 것이다. 농민들이 반복되는 재생산 과정을 통해서 기후와 풍토에 맞고, 질병 등 외부의 위협 요인에 강한 종자를 얻는 것은 농민 개인에게 이익이 되는 일이지만, 전 세계 농민들이 이러한 과정을 통해 얻는 튼튼한 종자는 인류 전체의 미래에도 이득이 된다. 반면 종자의 일부 특성을 발현시키는 기술 개발에 대해 지적재산권과 특허권을 보장하면 오로지 해당 기업과 관련된 자들만 이익을 얻는다. 농민은 비싼 특허사용료를 부담하느라 땀 흘려 생산하고도 이득을 누리지 못하고, 소비자는 비싼 특허사용료로 인해 상승된 가격을 부담해야 할 뿐 아니라 과학적으로 입증되지도 않은 안전성 문제라는 건강 위협까지 떠안아야 한다.

다시 말해 식물유전자원조약의 내용과 활용에 대한 논쟁의 핵심은 농민권 보장과 기업의 지적재산권 보호 중 어떤 것을 우선시할 것인가 하는 문제다. 이 문제에 대한 우리의 대응이 생물 종다양성과 인류의 안전, 두 가지 모두의 향방을 가름할 것이다.

키스 볼린/미국 옥수수경작자협회장

"미국의 무역 정책은 농민을 농업에서 몰아내고 있다. 자동차 생산 공장을 얻기 위해 혹은 캐딜락이나 혼다를 판매하기 위해 농민을 팔아버린다. 나는 농업의 신성함을 믿는다. 한 나라의 농업은 자국민에게 안정적 식량을 제공할 수 있어야 한다."

잭 클로펜버그/미 위스콘신대학 농업사회학 교수

"가뭄, 홍수, 기온 변화 등 다가올 기후변화에 대처할 수 있는 더욱 다양한 종자와 품종이 필요하다. 우리는 유전자적 다양성을 회복해, 기후변화와 병충해 공격에 대비할 수 있어야 한다."

살펴보기 1

농민권이란 무엇인가?

식물유전자원조약은 '농민권farmers' right'을 인정하는 유일한 국제 협약으로, 조약문 3부(Part III)•에서 농민권 관련 내용을 별도로 규정한다.

제9조 농민권

1. 체약 당사자는 전 세계 모든 지역, 특히 기원 및 작물다양성의 중심지에 있는 지역 및 토착 사회와 농민 들이 세계 식량 농업 생산의 토대를 구성하는 식물 유전자원의 보전 및 개발에 막대한 기여를 해왔으며, 앞으로도 그러할 것이라는 것을 인정한다.
2. 체약 당사자는 식량 및 농업을 위한 식물 유전자원과 관련된다는 점에서 농민권을 실현할 책임이 국가 정부에 있다는 데 합의한다. 농민의 필요와 우선순위에 따라 각 체약 당사자는 적절한 경우 국내 법령에 따라 다음과 같이 농민권을 보호 촉진하는 조치를 취한다.

   가. 식량 및 농업을 위한 식물 유전자원과 관련된 전통적 지식 보호.

   나. 식량 및 농업을 위한 식물 유전자원의 이용으로부터 발생하는 이익의 공유에 공평하게 참여할 수 있는 권리.

   다. 식량 및 농업을 위한 식물 유전자원의 보전 및 지속 가능한 이용에 관련된 문제에 대한 국가적 차원의 의사 결정에 참여할 수 있는 권리.
3. 이 조항의 어떠한 규정도, 국내 법령에 따라 적절한 경우 농가

비축 종자와 증식 물질을 비축·사용·교환·판매할 수 있는 농민권을 제한하는 것으로 해석되지 아니한다.

농민권에 대한 조항에서 확인할 수 있듯이 식물유전자원조약은 조약에 참여한 당사국들이 농민의 전통적인 지식을 보호하고, 농민이 식물 유전자원과 관련해 이익을 공유할 권리 그리고 국가적 의사결정에 참여할 권리를 인정해야 한다고 규정한다. 하지만 2항에서 보듯 당사국 내에서 국내 법령에 따라 그 권리를 인정하고 보호하도록 했기 때문에 사실상 국제적 강제력이 없다는 한계가 있다.

농민권과 육종가의 권리

'육종가의 권리 breeders' right'는 국제식물신품종보호동맹(UPOV 조약)의 핵심적인 내용이다. 용어 자체가 드러내듯이 새로운 품종을 개발해낸 육종가의 권익을 보호하기 위해 규정된 것이다. 곧 종자를 통해 농산물을 생산하는 본연의 목적을 보호하기 위한 것이라기보다는 상품으로서 식물 유전자원을 보호하기 위한 것이라고 할 수 있다.

때문에 현실에서는 농민권과 육종가의 권리가 충돌하는 문제가 발생한다. 육종가의 권리는 해당 품종뿐 아니라 그 품종과 구별되지 않는 유사한 품종까지 폭넓게 보호하도록 규정되어 있다. 이로 인해 농민들이 수확 후 좋은 종자를 보관했다가 이듬해에 다시 심지 못하는 일이 일어날 수 있고, 슈마이저 씨의 사례에서처럼 기업이 개발한 종자에 농지가 오염되어도 오히려 농민이 범죄자가 될 수 있다.

육종가의 권리를 보장하느라 농민의 권리를 침해하게 되는 문제는 제도적 장치를 통해 어느 정도 보완할 수 있다. UPOV 조약에서는 연구·개발을 목적으로 하거나 농민이 농지에서 재배할 목적으로 종자를 보존하는 경우에는 육종가의 권리에 따른 제약을 받지 않도록 예외로 정해놓았다. 실제로 아프리카연합은 상업적인 목적으로 종자를 판매하는 등의 경우가 아니면 농민권을 육종가의 권리보다 우선시하도록 법으로 강제했다.

그런데 우리나라는 농민권에 대한 법적인 규정이 없는 반면, 육종가의 권리는 법으로 보장한다. 종자산업법에서 UPOV 조약을 기준으로 식물품종 보호를 규정하면서 육종가의 권리를 보호한다. 반면 '농수산생명자원의 보존·관리 및 이용에 관한 법률(농업유전자원법)'은 식물유전자원조약을 국내에 적용하는 법인데, 농민권에 관한 내용이 담겨 있지 않다. 또한 조약에 따라 육종가의 권리에 대한 예외로서 농민들이 스스로 채종할 수 있는 작물을 자국의 농림부 고시로 지정할 수 있으나, 우리나라에서는 고시가 제정된 바 없다.••

• 식물유전자원조약의 한글본은 국가법령정보센터의 공식적인 번역을 옮겨왔으며 '농민의 권리'라는 표현만 '농민권'으로 바꿨다. 조약의 전문은 다음에서 확인할 수 있다. http://www.law.go.kr/trtyInfoPWah.do?trtySeq=2094.

•• 농민과 육종가의 권리에 대한 자세한 내용은 김은진, 〈지적재산권으로서의 농민권 보호와 종자주권〉, 2010 참고.

생물 해적질에 맞선 토종종자운동

기업의 종자 독점에 대한 저항과 대안

세계적으로 거대 농기업의 종자 독점에 대항하는 운동은 크게 두 방향으로 발전하고 있다. 한 가지는 GMO 개발과 이용을 반대하는 운동이다. GMO 반대 운동은 GMO 사용 식품임을 정확하게 표기하도록 하여 소비자의 알 권리와 선택권을 보장하려는 'GMO 표시제' 시행을 요구하는 소극적인 운동부터, GMO의 사용을 막는 'GMO 프리존Free ZONE 운동'과 같은 적극적인 형태로까지 실천되고 발전되어왔다.

다른 한 가지는 거대 농기업의 생물 해적질•에 저항하면서 종 다양성을 보존, 확대하기 위한 방법으로서 지역 농민들의 토종 종자를 지키고, 공유하고, 확대 보급하는 운동이다. 토종 종자를 지키는 운동은 종자기업에 예속되어가는 농민들의 저항에서 비롯된 경우도 있고, 지역의 전통과 문화를 지키려는 목적으로 시작된 경우도 있으며, 슬로푸드slow food·로컬푸드local food 등 대안 먹거리 운동과 연계되어 진행되는 경우도 있다. 그 계기가 어떻든 토종종자 운동은 종자 독점에 대한 저항이자, 식량 위기와 기후변화 위기에 대응하는 대안으로서 전 세계에서 확산되고 있으며, 식량주권 운동(살펴보기 2 참고)과 함께 커다란 연대의 흐름을 만들어가고 있다. 세계적으로 벌어지는 토종종자운동의 몇 가지 사례를 보자.

인도의 나브다냐 운동

면화 농사를 짓던 수많은 농민들이 자살하고 인도가 자랑하는 바스마티 쌀이 강탈당하는 등, 다양한 생물종을 보유한 만큼 아픔도 많았던 인도에서는 토종 종자를 되살리려는 나브다냐Navdanya 운동이 벌어지고 있다. 나브다냐는 힌디어로 '아홉 낱알'이라는 뜻인데, 나브다냐 운동이 추구하는 '종다양성'을 상징하는 단어다.

• 거대 농기업들이 전 세계의 유전자원을 마음대로 수집, 활용하여 유전자조작을 통해 특허를 획득하고 종자에 대한 독점적 권리를 행사하는 행위를 해적 행위에 빗대어 '생물 해적질biopiracy'이라고 한다.

반다나 시바/나브다냐 씨앗은행 설립자

"기업은 종자를 통제하고자 한다. 종자가 기업들의 손아귀에 있다는 건 결국 지구의 재앙을 의미한다. 인류의 식량 안보와 종다양성 보전을 위해 종자는 반드시 농민들의 손에 보존돼야 한다. 종자가 기업의 손아귀에서 통제된다면 종자는 사라지고, 인류 역시 사라지고 말 것이다."

조직의 대표를 맡은 반다나 시바Vandana Shiva 박사는 처음에 두 가지 목적으로 운동을 시작했다고 한다. 첫째는 미국에 의해 강제로 이식된 녹색혁명형 농업으로 사라져가는 토종 종자와 인도의 종다양성을 지키기 위해서, 둘째는 종다양성에 기반한 유기 농업이 화학 농법에 비해 우월하다는 것을 보여주기 위해서라고 한다. 이와 같은 목적을 가지고 나브다냐 운동은 다양한 활동을 벌이고 있다.

우선 씨앗(종자) 은행을 통해 토종 종자를 수집하고 보존한다. 2013년 10월 현재 인도의 17개 주에서 111개의 공동체 씨앗은행community seed bank을 운영하면서 전국에서 수집한 벼 종자 3000여 종을 비롯해 밀 150종, 그 밖에 수백여 종에 이르는 곡물과 채소, 과일 등의 종자를 관리·보존하고 있다. 이들 씨앗은행에서는 농민들에게 무상으로 종자를 나눠주고, 농민들은 수확 후에 종자로 되갚거나 다른 농민들에게 종자를 나눠줌으로써 토종 종자 확산에 기여한다.

또 나브다냐 운동은 씨앗은행에서 토종 종자를 받아 유기 농법으로 재배한 농민의 수확물을 소비자들에게 직거래하는 활동도 확산하고 있다.

다음으로 씨앗 보존농장과 농장 내에 있는 비자 비디야뻬트Bija Vidyapeeth라는 씨앗대학을 통해, 종다양성에 기반한 유기농업 확산을 위한 교육 활동도 벌인다. 2001년에 설립된 씨앗대학은 외부 투입 자원에 의존하지 않고 농민이 재배한 수확물에서 얻은 종자와 태양열, 천연가스 등 주변에서 얻은 자원을 활용해 농사를 짓

나브다냐 씨앗은행

델반싱니기/나브다냐 농장 총괄책임자

"농부들이 이곳의 종자를 가져가면 해마다 지속적으로 작물을 기를 수 있다. 시장에서 기업의 종자를 사면 한 해만 수확할 수 있을 뿐, 매년 종자를 사야 한다. 자신이 있는 곳의 기후에 맞는 종자인지 아닌지도 모르는 채 계속 돈을 들여야 하는 것이다."

샴 다따뜨레 가떼/토종 면화 재배 농부

"토종 면화 종자는 전혀 구할 수 없었다. 신의 가호로 4년 전에 나브다냐를 만났다. 만나지 못했다면 종자를 구하느라 힘들었을 것이다. 나에겐 정말 큰 행운이었다. 그러나 다른 지역 사람들은 종자를 구할 방법이 없다. 종자를 어디서 구할 수 있겠는가."

고 생활하는 방법을 알리는 공개강좌를 개최한다.

오스트레일리아의 시드세이버스네트워크

오스트레일리아는 오랜 식민지 경험과 다양한 국가에서 들어온 이주민들 덕분에 다른 나라와는 종자운동의 성격이 좀 다르다. 다양한 인종이 함께 살고, 인구의 85퍼센트가 도시 지역에 거주하는 특성상 오스트레일리아에서는 상업적 목적으로 조성된 거대 규모의 단작을 통해 먹거리를 조달한다. 하지만 많은 가정에서 텃밭을 가꾸는 문화가 발달되어 있어 이에 기반을 둔 종자운동이 시작되고 발전할 수 있었다.

1986년 주드와 마이클 부부Jude and Michael Fanton가 시작한 종자 지키기 운동은 텃밭의 다품종 소량 생산 체계를 통해 종다양성을 지켜나가는 데 중점을 둔다. 이러한 목적을 달성하기 위해 시드세이버스네트워크Seed Savers' Network에서는 토종 종자의 중요성에 대한 대중적 홍보, 토종 종자 지키기 활동 활성화, 생산자들 간의 종자 교환 활성화, 종자센터를 통한 다양한 종자 확보와 전파 등의 활동을 벌인다.

구체적으로는 우선 종자 수집과 보급을 위해 네트워크 회원과 지인들을 모으고, 인터넷 홍보를 통해 생산자들의 종자 교환을 조

시드세이버스네트워크에서 발행한 《씨앗 지킴이 지침서》
출처 https://herbsarespecial.com.au/books_and_dvds/seed-savers.html

직한다. 종자센터에서는 이들의 종자를 수집해 생산자들끼리 교환하도록 연결해주거나, 종자 보급 확대를 위해 씨를 받을 목적으로 일구는 밭인 채종포採種圃를 운영하는 등의 활동을 한다. 그리고 관심 있는 사람들을 조직하고 교육하기 위한 소식지와 《씨앗 지킴이 지침서*Seed Savers' Handbook*》를 발행하고, 지역 종자 네트워크Local Seed Network를 통해 활동하는 이들을 지원한다.

시드세이버스네트워크의 활동은 기본적으로 오스트레일리아를 토대로 하지만, 종자 지키기 운동에 공감하는 세계 각국의 단체들과 연대하는 데도 많은 노력을 기울이고 있다. 일본, 이탈리아, 쿠바 등의 토종종자운동 활동가들과 교류하고, 이들을 통해 《씨앗 지킴이 지침서》를 5개 국어로 번역해 배포하기도 했다.

브라질의 사회적 기업 바이오나투르

1984년 탄생한 브라질의 무토지농민운동Movimento Sem Terra(이하 MST)은 노는 땅을 무단 점거하여 농사짓는 사람들, 임대차 농민, 대농장에서 월급을 받고 일하는 농업노동자, 그 밖의 비숙련 농촌 노동자들이 토지를 확보하고 자급자족적 농촌 공동체를 건설하려는 운동 조직이다. MST는 1992년 리우 회의와 생물다양성협약 체결 이후 종다양성에 주목하면서, 생태친화적인 대안 농업을 활성화하기 위해 '생태농업협의회National Association for Agroecology'를 구성하고, 1998년에는 생태친화적인 농업을 위한 토종 종자 보존과 확산을 지향하는 '바이오나투르 생태 종자 네트워크Bionatur Network for Agro-ecological Seeeds'를 만들었다.

바이오나투르는 생태 농업에 적합한 종자를 생산하는 농가들이 생산자이자 기업 설립자로서 참여하는 사회적 기업의 형태로 만들어졌다. 이 조직은 여러 세대에 걸쳐 농민들이 보존하고 개량해온 종자들을 수집해 채종포에서 다량의 종자를 생산하고, 유전적 형질의 다양화를 통해 더욱 생산성을 높이는 개량 작업을 추진하고 있다. 이제 농민들은 바이오나투르에서 토종 종자를 싼 가격으로 구매할 수 있게 되었다. 2005/06년 참여 농가 수는 230호. 2010년 현재는 900여 농가가 바이오나투르에 참여해 약 22톤에 이르는 토종 종자를 생산하고 토종 종자 63종을 관리하고 있다.

살펴보기 2

식량주권운동

식량 주권food sovereignty이란 비아캄페시나La Via Campesina●라는, 전 세계 소농들의 국제 운동 조직에서 제기한 개념이다. 식량 주권은 '사람들이 스스로의 먹거리와 그 먹거리를 구하고 보전하는 방법을 결정할 권리'라고 이야기할 수 있다. 식량 주권에 대한 가장 최근의 정의●●는 다음과 같다.

식량 주권은 생태적으로 건전하게 그리고 지속 가능한 방식으로 생산되어 건강에 좋고 문화적으로 적절한 먹거리에 대한 사람들의 권리다. 또한 사람들이 스스로 먹거리와 농업 체계를 결정할 수 있는 권리다. 식량 주권은 시장과 기업의 요구가 아니라 스스로 식량을 생산·유통·소비하는 이들을 먹거리 체계와 정책의 중심에 놓는다. 식량 주권은 다음 세대의 이익과 참여에 기대어 있다. 식량 주권은 현재의 기업 중심의 무역·농식품 체계에 저항하고 이를 해체할 전략을 제시하며, 지역 생산자들이 결정하는 먹거리·영농·목축·어로 체계를 지향한다. 식량 주권은 지역적·민족적 경제·시장을 우선시하고, 소농·가족농 주도의 농업, 전통 어업과 목축업, 환경적·사회적·경제적 지속 가능성에 바탕을 둔 먹거리 생산·유통·소비를 강화한다. 식량 주권은 모든 이들에게 정당한 소득을 보장하는 투명한 무역을 촉진하며, 소비자가 먹거리와 영양을 스스로 관리할 수 있는 권리를 촉진한다. 식량 주권은 토지lands, 영토territories, 물, 종자, 가축, 생물다양성을 이용하고 관리할 권리가 먹거리를 생산하는 농민의 손에 있다는 점을 보장한다. 식량 주권은 남성, 여성, 민중, 인종 집단, 사회 계급, 세대 사이에 억압과 불평등이 없는 새로운 사회적 관계를 내포한다.

–2007년 닐레니Nyeleni 식량주권 포럼 선언문

식량 주권의 실현은 현재 거대 농기업과 그 자본에 의해 지배되는 먹거리 체계에 대한 결정권과 선택권을 다시 생산자 농민과 소비자들에게 돌려주는 먹거리 민주화의 실현이라고 할 수 있다. 생산자원의 측면에서는 물, 종자, 가축 같은 자원을 이용하고 관리할 권리를 기업이나 자본이 아니라 생산의 주체인 농민들에게 돌려주는 것을 의미한다.

• 비아캄페시나는 전 세계 중소 가족농, 무토지 농민, 여성 농민, 목축민, 어민, 원주민, 이주민을 대표하는 국제 농민운동 조직이다. 2008년 아프리카 모잠비크에서 열린 5차 총회를 기준으로 전 세계 69개국에서 148개 농민단체가 가입해 있다. 한국에서는 전국농민회총연맹과 전국여성농민회총연합이 참여하고 있다.

•• 식량 주권 개념은 1996년 로마 세계식량정상회의World Food Summit와 동시에 진행되었던 시민사회단체들의 포럼에서 공식적으로 제기된 후 계속해서 변화하고 있다. 이와 같은 변화는 농업과 먹거리에 대한 다양한 의견을 반영하면서 발전하고 있는 것으로 볼 수 있다.

한국의 토종종자운동

소 잃은 외양간

우리가 입버릇처럼 이야기하듯이 한반도는 사계절의 변화가 뚜렷하고, 난대에서 한대까지 폭넓고 다양한 식생대가 분포하며, 산림 생태계가 해안 생태계로 연결되는 등 독특한 지형지세와 기후 특성 등으로 인해 국토 면적이 작은데도 비슷한 기후대의 다른 국가에 비해 다양한, 3만 종 넘는 동·식물종을 보유하고 있었다.

하지만 오로지 선진국이 되겠다는 일념으로 농업의 일방적인 희생을 감수하며 수출을 늘리는 정책에만 몰두했던 대한민국이라는 개발도상국은 토종 종자를 비롯한 유전자원 보존에 신경 쓸 여유가 없었다. 그렇게 1980년대까지 우리가 생물 유전자원에 관심을 두지 못하는 동안 미국, 일본을 비롯한 선진국의 학자들이 우리나라의 자원들을 많이 채취해갔다.

우리나라 토종 종자를 지키고 발전시키는 일에 헌신하고 있는 안완식 박사•의 설명에 따르면 1900년 초부터 많은 재래종 벼가 수집되어 일본으로 넘어갔다. 보리와 밀은 제2차 세계대전 때 일본의 맥류 연구가인 다카하시 노보루高橋昇가 한반도 전역에서 수집해 갔다. 이때 수집된 자원들은 일본 오카야마 대학岡山大學의 유전자원센터에 보존되어 지금도 새 품종 육종이나 연구 자료로 활용되고 있다고 한다. 앞에서도 보았듯이 최근 우리나라가 미국에서 다량 수입하고 있는 콩은 그 원산지가 만주와 한반도이다. 미국 일리노이 대학에서 보존하고 있는 토종 종자는 남한 재래종 3483점, 북한 재래종 78점, 합쳐서 3561점에 달한다. 이는 미국이 보유한 콩 유전자원 1만 8905점의 18.8퍼센트에 해당한다. 2003년 말까지 미국이 육종한 콩 품종은 모두 466종이고, 미국과 캐나다가 우리나라 토종 콩 품종을 이용해 육종한 것만도 178종에 달한다.

우리가 토종 종자와 식물유전자원을 지키지 못한 결과는 참으로 씁쓸하다. 정부의 〈식량농업 식물유전자원 국가보고서〉에서 재래종 작물 재배 현황을 조사한 결과 1993년에는 1985년에 비해 평균 26퍼센트만이 재래종이라는 결과가 나왔다.

• 토종종자모임 씨드림 대표, (사)한국토종연구회 고문으로 활동하고 있다.

농가를 방문한 안완식 박사/토종 연구가

"토종은 주위 환경에 굉장히 오랫동안, 수천 년 내지 수백 년, 수십 년 자라온 식물이기 때문에 그 환경에 있었던 병해라든지 충해라든지 기후라든지, 이런 것에 대한 저항성이 상당히 높아요. 여러 가지 환경에 적응돼온 것이기 때문에 병에 걸리긴 걸리되 한꺼번에 몰살되거나 하는 경우가 상당히 적어요."

시골 농가에서 보존하고 있는 토종 종자

지난 20여 년간 전국을 돌며 토종 종자를 수집해온 안완식 박사의 이야기는 이와 같은 현실을 적나라하게 알려준다.

> "1985년 수집을 한 뒤 1993년도에 수집한 데를 가보니 그사이에 74퍼센트가 사라졌더라고. 7년 뒤에 또 조사하니 12퍼센트 정도만 남아 있었어. 1985년에 수집하지 않았으면 어떻게 됐을까 생각하면 가슴이 서늘하지." —《한겨레》 2008년 8월 25일(인터넷)

이와 같은 식물 유전자원의 감소는 식량 자급률의 급격한 하락으로 이어진다. 이는 곧 우리 농업의 심각한 위기 상황을 보여주는 것이다. 아무런 보호 장치가 없는 상황에서 시행된 전면적인 농산물 수입 개방 정책과 신자유주의 농업 정책은 값싼 외국 농산물의 범람 속에서 농민들이 생존을 위해 돈이 되는 일부 상업 작물에만 매달릴 수밖에 없도록 만들었고, 소중한 우리 유전자원의

주요 작물의 재배 면적, 생산량, 자급률

구분	2007			1965	
	재배면적 (10^3 ha)	생산량 (10^3 MT)	자급률 (%)	재배면적 (10^3 ha)	생산량 (10^3 MT)
벼	950	4,407	95.8	1,228	3,501
보리	56	176	48.3	827	1,459
밀	2	8	0.2	93	184
대두	88	128	11.1	308	174
옥수수	17	84	0.7	49	40
근채류	21	224	98.4	213	1,045
구근류	20	–	–	232	121
기타	8	7	9.8		
합계	1,161	5,034	27.2	2,950	6,524

출처 : 대한민국 정부, 〈식량농업 식물유전자원 국가보고서〉, 2009.

보존은 딴 세상 이야기가 되어버렸다. 품종이 단일화되다시피 한 상업 작물은 병도 한꺼번에 같이 걸리고, 흉작이면 생산량이 감소해서, 풍작이면 가격이 하락하여 농민에게 부담을 지운다.

토종 종자를 지키는 사람들, 씨드림

2008년 4월 22일, 서울 시내의 한 사무실에 사람들 한 무리가 모였다. 그들은 토종 종자와 종자 주권을 어떻게 지키고 확산해 나갈 것인지 머리를 맞대고 고민하던 농업 단체 사람들과 개인들이었다. 이들은 토종 종자 모임을 만들고 국내 토종 유전자원 실태 조사, 토종 종자를 전시하는 채종포 운영 등 다양한 활동을 벌여 나가기로 했다. 이렇게 탄생한 것이 토종 종자 모임 ‘씨드림seedream’• 이다. 씨앗seed과 꿈dream의 합성어이면서 동시에 ‘씨를 드린다’는 이중의 의미를 담은 이름이다.

씨드림은 사라져가는 토종 종자의 소멸을 막기 위해 국내 토종 유전자원을 조사, 수집하고 있다. 2008년에는 씨드림 회원, 전국여성농민회총연합 회원, 한국토종연구회원 등으로 구성된 토종 수집단 6명이 강화도, 울릉도, 제주도 일원에서 토종 작물 460점을 수집했다. 2010년에는 씨드림 활동을 함께하는 흙살림 토종연구소 주관으로 괴산군의 지원을 받아 괴산군 일원에서 325점을 수집했다.

씨드림은 정기 모임을 비롯한 교류 활동을 통해, 각 지역과 단체에서 수집하고 수확한 토종 종자를 나누고 전파한다. 이러한 교류 활동을 통해 지역 간, 단체 간에 토종 종자를 나누어 서로의 자원을 더욱 풍부하게 만들고 있다. 이들 모임에 참여한 농민들과 귀농을 준비하는 예비 농민들은 서로 소중한 정보를 나누고 돌아가기도 한다.

• 씨드림은 안완식 박사가 대표를 맡고, 전국여성농민회총연합·전국귀농운동본부·흙살림 토종연구소·텃밭보급소 등의 단체 대표와 개인들을 운영위원으로 하여 활동하고 있다. http://cafe.daum.net/seedream.

씨드림의 토종종자운동은 단순히 우수한 종자를 수집하고 지키는 일에서 끝나지 않는다. 자금과 인력이 풍부한 정부와 정부 산하의 농촌진흥청 같은 기관에서도 토종 종자를 수집하고 보존하는 사업을 대규모로 진행한다. 하지만 이런 사업에는 중요한 것이 빠져 있다. 씨드림의 토종종자운동은 정부 사업에 빠져 있는 이런 중요한 것을 채우는 데 가장 중요한 목적을 둔다. 그것은 토종 종자의 소중한 가치를 농사의 소중한 자원이자 농민의 권리로 보는 것이다. 토종 종자는 한 지역에서 오랜 기간 심어지고 수확되는 과정 이 반복되어 그 지역의 풍토와 기후에 적응한 유용한 자원이다. 농가에서는 이 소중한 자원을 매년 다시 심고 수확하면서 더욱 우수한 종자를 선발하고 보존하게 된다. 농사를 통해 다양하고 우수한 유전자원이 자연스럽게 지켜지는 것이다. 반면 정부는 수익 상품화할 자원을 마련하기 위한 투자로 토종 종자를 수집·개발한다. 정부가 장차 2억 달러 수출을 달성하겠다고 추진하는 '골든시드 프로젝트'가 바로 그 예다. 수출 상품 개발을 목표로 하는 종자 수집은 결국 농민의 역할을 종자 구매자로 한정짓고, 종자를 상품화하여 판매하는 기업을 종자의 주인으로 만들어줄 뿐이다.

전국여성농민회총연합의 토종 씨앗 지키기

씨드림과 함께 토종종자운동을 하는 단체 중에 단연 두각을 나타내는 곳 하나가 전국여성농민회총연합이다. 전국여성농민회총연합의 신지연 사무국장은 다음과 같이 말한다.

> 여성 농민에게 씨앗은 단순히 먹거리의 원천만은 아니다. 씨앗은 수천 년에 걸쳐 전해져 내려온 조상들의 역사와 문화, 생물의 다양한 유전자가 담겨 있는 소중한 자원이다. 생명을 생산하고 길러온 여성 농민들은 전통적으로 종자를 갈무리하고 지키는 역할을 통해 공동체 속에서 존중받고 추앙받아왔다. 그러나 여성 농민들의 이러한 중요한 역할을 초국적 기업들에게 빼앗기면서 공동체 속의 여성들 지위도 하락하고 공동체도 무너졌다. 여성 농민 생산자 단체인 전국여성농민회총연합이 토종 씨앗 지키기 운동에 나선 것은 이러한 현실 인식 때문이었다.
>
> —한살림, 《살림이야기》, 2011년 봄호

전통적으로 농가에서 수확이 끝난 후 얻은 종자를 보관하는 일은 여성의 몫이었다. 결혼해서 다른 지역으로 갈 때는 자기 집에서 보관하던 종자를 가져가 지역 간의 종자 교류와 다양화에 기여하기도 했다. 이러한 역사적 인식과 전통을 바탕으로 국제적으로

전국여성농민회총연합 전시 채종포 현황

도	지원 채종포	형태 및 품목	활동 내용	자체 채종포	형태 및 품목	활동 내용
경기	여주	수수, 조				
강원	양구	서리태	여성민우회 생협과 교류	횡성	1농가 1토종을 축으로 40여 가지	
충북	진천	메주콩				
충남	부여	들깨, 그 외 1농가 1토종으로 여러 가지	들기름을 만들어 판매할 계획			
전북	전주	메주콩, 서리태	공동 작업, 교육	정읍	옥수수, 땅콩, 들깨, 강남콩, 동부, 팥, 수수, 상추, 당귀 등 12가지 품목으로 다양하게	가공사업 준비
경북	의성	2개 면에 콩 중심 채종포	지역농업연구회 회원 40여 명, 강연회 개최	상주	토종 흰찰옥수수 채종포, 고추, 동부, 오이 등	꾸러미•에 생산 물품 넣음.
전남	순천	토종 콩, 분양받은 통종 씨앗(안완식)	꾸러미와 연계, 채종포 운영도 공동체 회원들과 함께			
경남	거창	검은콩		함안	옥수수와 검은콩이 주 작목, 1농가 1품종으로 다양하게	경남 지역 여성회와 함께 판매할 계획
제주	서귀포	검은약콩, 참깨, 들깨, 푸르대콩				

• '꾸러미'는 유기농 제철 농산물과 반찬을 생산자에게서 소비자에게 직접 배달하는 사업을 가리키는 말이다. 전국여성농민회총연합이 세운 언니네텃밭을 비롯해 여러 사회적 기업들이 꾸러미 사업을 벌이고 있다.

도 종다양성·토종 종자 지키기 운동에서 여성 농민들이 많은 역할을 하고 있다. 앞서 소개했던 인도의 나브다냐 운동에서도 '(생물)다양성을 위한 다양한 여성들 Diverse Women for Diversity'이라는 활동 부문에서 여성들이 지역 차원, 국제적 차원의 자연자원을 지키기 위해 많은 활동을 펼치고 있다.

전국여성농민회총연합은 2004년 국제 농민운동 조직인 '비아 캄페시나'에 가입하면서 토종종자운동에 뛰어들게 되었다. 매년 다양한 방식으로 토종종자운동을 확대하고 있는데, 주요 활동을 몇 가지 소개하면 다음과 같다.

첫째, 종다양성 보존을 위한 여성 농민의 토종 씨앗 지키기 사업을 벌이고 있다. 지역 차원에서 토종 씨앗을 심고 퍼뜨릴 수 있도록 전국 곳곳에서 토종 씨앗 전시 채종포를 운영한다.

또한 1농가 1토종 지키기 사업을 통해 농가 차원에서 토종 씨앗을 지키는 운동을 벌이고 있다. 토종 종자와 종자 주권을 지키는 길은 기업이 종자를 상품화하고 개발하는 방식이 아니라, 많은 농민들이 종자를 보존하고 늘리는 방식에 있다는 생각을 실천하는 것이다.

둘째, 전국 곳곳의 농가를 방문하여 보유한 토종 씨앗을 조사하고 기증받는다. 그리고 이 종자를 전시 채종포나 1농가 1토종 지키기를 통해 증식하고 확산시켜 나간다.

셋째, 다양한 소비자·시민 참여 프로그램을 통해 먹거리의 소비

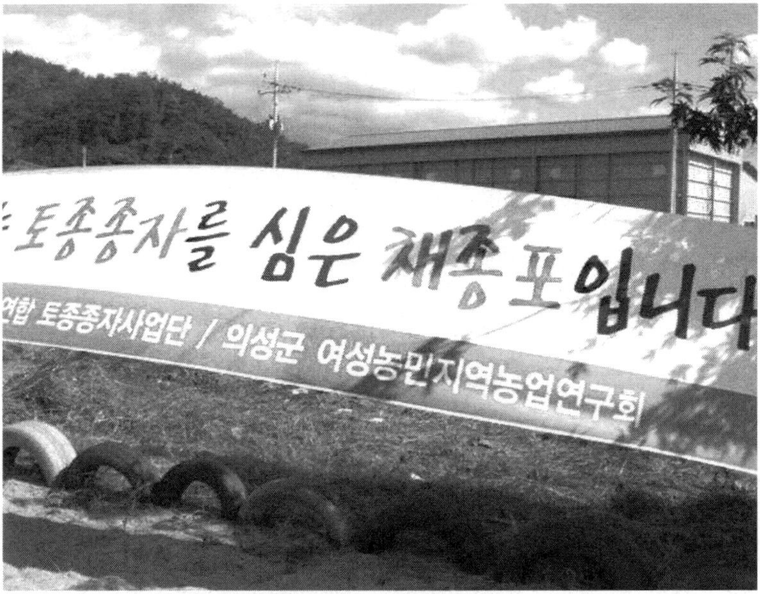

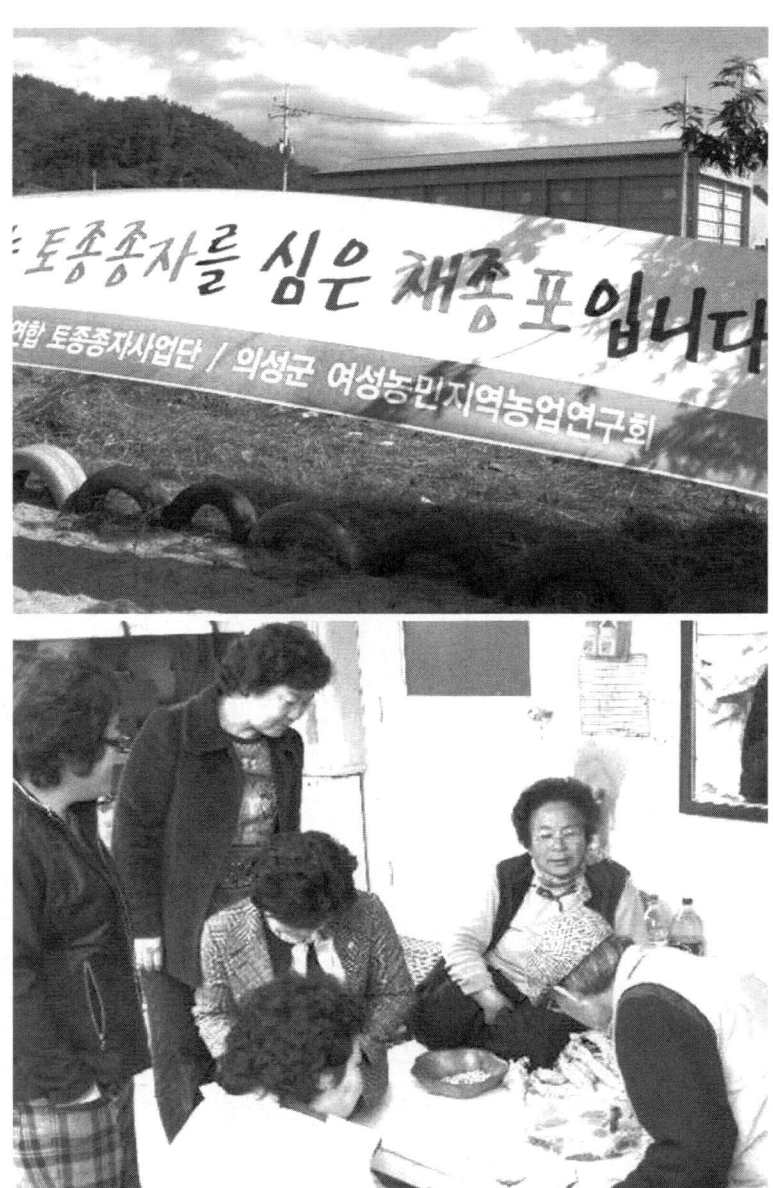

(위) 전국여성농민회총연합 전시 채종포 (아래) 토종 씨앗 실태 조사

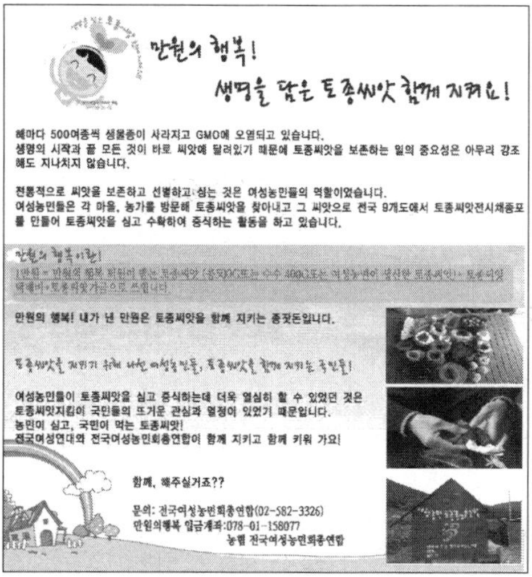

'만원의 행복' 홍보물

자인 시민들이 토종 종자의 중요성을 인식하고, 함께 운동에 참여할 수 있도록 이끈다. '만원의 행복'이라는 시민 참여 프로그램에서는 참여 시민이 만 원을 내면 채종포 등을 통해 토종 종자를 증식하는 데 사용하고, 수확한 토종 종자를 참여 시민에게 돌려준다.

더불어 토종 모종 나눔 행사나 토종 씨앗 축제를 열기도 하고, 텃밭이나 도시농업을 일구는 이들이 토종 종자를 심고 수확할 수 있도록 지원하고 있다.

넷째, GMO 바로 알기 교육 등을 통해 GMO 문제의 심각성과 기업의 종자 독점 문제를 알리고 있다. 농업의 산업화와 함께 종자가 상품화되면서 농민들의 품에서 벗어나 기업의 것이 되었고, 상품화의 정점에 GMO가 있기 때문이다.

종자 독점에서 종자 주권으로

종자 주권이란 무엇인가?

지금 종자에 대한 권리와 권력은 누구에게 있는가? 앞에서 살펴본 많은 사례에서 알 수 있듯이 지금 종자에 대한 권력은 기업에 있다. 불과 수십 년 사이에 농업은 종자를 비롯해 생산에 필요한 모든 자재를 기업에게서 구입하는 체계가 되어버렸다. 이러한 상황에서 과연 농민들이 종자에 대한 권리를 되찾아올 수 있을까?

이에 대해 전 세계의 많은 농민들은 종자에 대한 권리를 되찾을 수 있으며, 반드시 되찾아야만 한다고 이야기한다. 종자 주권이란 종자에 대한 권리가 농민과 인류 모두에게 있다는 것을 이야기하는 개념이다.

종자 주권 개념은 '식량 주권'이라는 개념으로부터 시작되었다. 전 세계 소농민들의 뜻을 대변하는 국제 농민운동 조직 비아캄페시나는 1996년 식량 주권이라는 개념을 제시했다. 식량 주권은 '종자에서 식탁까지' 우리의 먹거리가 독점 대기업에 의해 지배되는 세계농식품체계에 대한 대안 패러다임이다. 비아캄페시나는 식량 주권을 '생태적으로 건전하며 지속 가능한 방법으로 생산된, 건강하고 문화적으로 적절한 먹거리를 누릴 권리이자 자기 농식품체계에 대한 결정권'이라고 정의한다.

식량 주권은 단순히 사람들이 먹거리에 접근할 수 있고 보장받을 수 있는 권리에 그치지 않고, 먹거리를 생산하는 방법과 먹거리를 생산하기 위해 필요한 자원마저도 민주적으로 통제하고 관리할 수 있는 권리까지 포함한다. 어떤 나라, 어떤 지역, 어떤 공동체든 먹거리가 생산되고 소비되는 곳에서는 그곳 사람들이 자연조건, 문화 등 다양한 조건에 적합한 방법으로 먹거리를 생산하고 소비할 수 있는 선택권을 가져야 한다는 것이다. 식량 주권의 관점에서는 농민이 땅과 물, 종자 등 생산에 필요한 자원들을 자유롭게 선택하고 사용할 권리를 가지는 것이 당연한 일이 된다.

또 식량주권 실현을 위해서는 지속 가능한 농업이 가능하도록 먹거리를 생산하는 데 꼭 필요한 자원들을 잘 관리하는 일도 매우 중요하다. 비아캄페시나에서는 종자와 유전자원의 중요성에 대해 다음과 같이 이야기한다.

> 비아캄페시나에게 종자는 자연으로부터 사람들을 위한 부富를 만들어내는 데 땅과 물, 그리고 공기에 이어 네 번째로 중요한 자원이다. 유전자원은 생산자에게나 소비자에게나 의衣, 식食, 주住, 연료, 의약, 생태 균형 등을 만들어내기 위한 필수 요소가 된다.
>
> –비아캄페시나, 2001•

위와 같은 인식에 공감한다면 종자에 대한 권리를 거대 농기업들로부터 농민과 인류에게 되돌려야 한다는 '종자 주권'은 당연한 개념이 된다. 몬산토는 "우리가 소유하지 않은 어떤 먹거리도 자랄 수 없을 것이다"는 식으로 종자를 통해 세계를 지배하려는 기업의 오만함을 보여준다. 그렇다면 우리는 어떻게 할 것인가? 종자에 대한 권리를 농민과 인류의 것으로 되찾아오기 위해 무엇을 할 것인가?

종자 주권을 지키는 방법, 공개와 나눔

비록 종자에 대한 사적인 소유권이 생겨나고 기업이 독점한 기간이 매우 짧다고는 하지만 단지 그것이 부당하다고 선언하는 것만

• Via Campesina, "The Position of Via Campesina on Biodiversity, Biosafety and Genetic Resources", 2001.

으로는 다시 농민의 권리를 되찾을 수 없다. 더욱이 도로, 철도 등 공공시설부터 의료, 교육 등 공공 서비스까지 공공의 영역에 있던 것들을 닥치는 대로 사유화하고 이윤을 만드는 일에만 몰두하는 신자유주의 시대를 살고 있으므로 오히려 독자들은 종자 주권이라는 말을 생소하게 느낄지도 모른다. 이야기를 풀어 나가기 위해 잠시 다른 길로 빠져보자.

특허권과 지적재산권으로 무장한 기업들은 자신들이 개발한 기술을 대가도 지불하지 않은 채 사용하는 것을 철저히 가로막고, 이를 어기면 법적인 대응을 통해 반드시 그 대가를 치르게 한다. 앞에서 살펴본 종자 이야기와 같다. 특허와 지적재산권이 적용되는 모든 분야가 마찬가지일 테지만 특히 종자와 비슷한 면을 볼 수 있는 분야가 바로 소프트웨어다.

요즘의 우리 생활은 특별히 정보 기술(흔히 우리가 IT라고 부르는)에 관심이 없더라도 컴퓨터, 인터넷, 휴대전화와 긴밀하게 이어져 있다. 우리는 인터넷에 접속하거나 게임을 하는 등 PC나 휴대전화를 다양하게 활용한다. 그래서 여러 가지 소프트웨어 프로그램을 PC나 휴대전화에 설치해 사용한다. 최근에 스마트폰 사용자가 급속하게 늘어나면서 우리가 쉽게 체감할 수 있는 것은 사용할 수 있는 무료 프로그램이 많다는 것이다. 사용자로서 우리는 많은 무료 프로그램의 이점을 손쉽게 누리고 있지만, 이런 상황이 만들어진 과정은 간단하지가 않았다.

기업들의 컴퓨터 활용이 일반화되고 개인용 컴퓨터가 상용화되면서 소프트웨어는 큰 이윤을 얻을 수 있는 사업 영역이 되었다. 당연히 대기업들은 기술 개발에 막대한 자금을 투입해 컴퓨터 사용자들에게 유용한 프로그램들을 개발해 판매했다. 이는 곧 컴퓨터 사용자나 소프트웨어 개발자들이 마이크로소프트나 애플 같은 거대 기업에 종속되는 것을 의미했다. 이와 같은 흐름에 문제의식을 가진 사람들은 컴퓨터 소프트웨어가 기업의 특허와 소유권으로 제약받는 것에 반대하여, 사유 소프트웨어에 대한 대안으로 자유 소프트웨어 운동을 시작했다.

> 1984년 MIT 인공지능연구소의 연구원이었던 리처드 스톨먼Richard Stallman은 GNU 프로젝트를 시작하였다. GNU 프로젝트의 목적은 간단히 말해 어느 누구도 소프트웨어에 대하여 비용을 지불하지 않아도 되도록 하는 것이었다. 스톨먼은 실행 프로그램을 구성하는 지식이 공개되어야 한다고 생각했기 때문에 GNU 프로젝트를 시작했다. 그렇지 않으면 소수만이 컴퓨팅을 지배하는 폐해를 낳을 것이다.•

자유 오픈소스 소프트웨어Free and Open Source Software(FOSS) 운동은 그렇게 시작되었다. 이 운동은 프로그램을 공짜로 나눠주자는 것이

• 문태준, 〈리눅스의 역사와 대중화〉, 전주 정보통신연대(INP) 발표 자료, 2001.

아니라, 소프트웨어를 유료로 샀든 무료로 받았든 일단 소프트웨어를 입수한 사람은 프로그램을 복제copying하고 친구나 동료와 공유할 수 있으며, 소스 코드를 열어보고 이를 개량, 변모, 응용할 수 있고, 자신이 바꾼 프로그램을 배포할 수 있어야 한다는 것이다. 여전히 많은 소프트웨어가 소스 코드를 공개하지 않고 독점과 특허에 묶여 있지만, 이와 같은 취지에 많은 사람들이 함께하면서 제약을 벗어난 프로그램도 상당히 많아졌다.

그럼 다시 종자 이야기로 돌아가 보자. 스톨먼은 사유화되고 독점화된 소프트웨어에 대한 문제인식에서 출발해 소프트웨어를 공개하고 공유하자는 대안을 만들어냈다. 이처럼 공유와 나눔을 통해 기업의 종자 사유화와 독점을 극복하자고 제안하는 사람들이 있다.

농업·농촌사회학 분야의 저명한 학자 잭 클로펜버그는 비아캄페시나의 식량 주권, 종자 주권에 공감하면서 종자 주권을 확보하고 지켜 나가는 방법으로 오픈소스 생물학Open Source Biology의 필요성을 제기한다. 오픈소스 생물학은 간단하게 말하면 다양한 생물학적 자원과 정보, 나아가 생명공학에 관한 정보를 서로 공유하자는 것이다. 생각해보면 종자는 이러한 공유와 나눔의 취지에 가장 부합하는 자원이다.

인류가 농사를 짓기 시작한 뒤로 오랜 기간 농민들은 씨앗을 뿌리고 수확하는 과정을 통해 지역의 기후와 풍토에 맞는 좋은 종자들을 선발하고, 전통적인 육종 방법을 통해 종자를 개량해왔다. 그리고 각국의 과학자들은 농민들에게 도움을 줄 수 있는 전통 육종 기술과 경험을 수십 년간 축적해왔다. 이렇게 역사적인 경험과 노력이 축적된 토종 종자를 계속해서 발굴하고 다시 살려내는 노력과 과학기술이 공개되어 서로 접목될 수 있다면 이는 종자 주권을 실현하는 데 큰 힘이 될 것이다.

하지만 이것이 실현되려면 국민적인 공감과 지지가 필요하다. 과학기술이 기업의 이윤 창출 도구가 되어버린 현실을 바꾸려면 대중들의 인식이 먼저 변해야 한다. 이러한 변화가 이루어져야 하는 이유는 농업이 지닌 공공성 때문이다.

농업은 사람이 생존하는 데 필수적인 먹거리를 생산하는 것이다. 농업의 시작이면서 동시에 끝이기도 한 씨앗은 기업이 독점해서는 안 되는 자원이다. 기업은 생산성 향상, 농약 사용 감소, 식량 위기의 대안 등 많은 명분을 내세워 종자를 가져다 개발했지만 그 결과는 참혹했다. 농민들은 기업에 종속되고, 기업이 돈을 버는 만큼 그 비용은 먹거리를 사는 소비자들의 부담이 되었다. 더욱이 그 안전성이 과학적으로 입증되지 않은 유전자조작 농산물을 섭취할 수도 있다는 위험성은 전 국민 개개인이 감당해야 할 몫이 되었다.

이와 같은 현실을 그냥 받아들여야만 할까? 그렇지 않다. 이제는 방향을 바꿔야 한다. 종자의 독점과 사유화로 잘못된 결과가 빚어졌다면, 공유와 나눔을 통해 바로잡아야 한다.

생명과 미래를 위한 선택

우리가 생활 속에서 종자 주권에 대해 어떤 일을 할 수 있을까? 사실 막막하다. 농민이라면 토종 종자를 발굴하고 퍼뜨리고 재배하겠지만, 논도 밭도 없는 도시민이라면 지금처럼 거대 기업이 농업 생산·유통 체계와 종자를 지배하는 상황에서 할 수 있는 일이 없어 보인다. 우리의 생활 속에서 함께할 수 있는 일은 무엇일지 머리를 맞대보자.

가장 먼저, 종자 문제에 대한 올바른 인식이 필요하다. 특히 GMO에 대해 올바로 아는 일이 매우 시급하다. 소비자들이 GMO의 위험성에 대해 인식하지 못하면 '경제성'의 논리에 쉽게 넘어가게 된다.

2007/08년 국제 식량 가격의 폭등으로 세계적인 식량 위기가 찾아왔다. 우리는 쌀 자급률이 100퍼센트에 가깝기 때문에 위기를 심각하게 느끼지 못했지만, 사실 우리나라는 콩을 비롯한 주요 곡물 대부분을 수입에 의존하고 있다. 그래서 당시 밀가루를 비롯한 식품 가격이 올라 많은 소비자들의 장바구니 부담이 늘었다. 농민들도 수입 의존도가 높은 사료 값이 폭등하는 바람에 큰

어려움을 겪었다. 식품기업들은 국제 곡물 가격이 상승했다며 값싼 GMO 옥수수를 들여왔다. 그 이후로 국제 곡물 가격이 상승하는 추세여서 전문가들은 식량 위기가 장기화할 것으로 본다. 따라서 2007/08년의 위기가 언제든 다시 나타날 수 있으며, 그때마다 기업들은 수익성을 높이기 위해 GMO 농산물 수입을 확대할 것이다. 정부는 자급률을 높이려는 힘든 노력보다 수입을 올리는 손쉬운 길을 택할 것이다. 심지어 GMO 쌀 개발 등에 투자하고 있으니 말이다.

따라서 우리가 GMO에 대해 알려 하지 않는다는 것 자체가 곧 바로 GMO 확대로 이어질 것이다. 다시 말하지만 GMO 농산물을 반대하는 일은 GMO 오염 피해를 막고 우리 농업, 우리 종자를 지키는 일이다.

최근에는 도시민도 직접 토종 종자를 가꾸고 지킬 수 있는 기회가 많아지고 있다. 현대의 먹거리 위험에 대한 우려가 높아지고, 안전한 먹거리에 대한 요구가 확산되면서 지역 먹거리(로컬푸드) 운동 등 다양한 대안 농업, 대안 먹거리 운동이 일어나고 있기 때문이다. 2010년 농림수산식품부의 조사에 따르면 전국에서 70만 명 이상이 도시농업에 참여하고 있다. 집 주변의 텃밭, 학교 텃밭, 상자 텃밭, 주말농장 등 다양한 형태로 많은 도시민이 직접 경작을 하고 있다.

이에 따라 도시농업과 토종종자운동을 연계하려는 노력도 늘고

여성민우회생협 토종모종 나눔 행사 전국여성농민회총연합 제공

있다. 앞으로 농민들의 토종종자운동과 도시농업의 연계, 또 호주의 시드세이버스네트워크처럼 도시농부 사이에서도 토종 종자를 교환하고 전파하는 활동이 활발하게 벌어질 것이다. 도시농업을 하면서 기업의 종자 상품을 사는 '종자의 구매자'가 아니라 '토종 종자 지킴이'가 되려는 노력을 통해 종자 주권을 지키는 길을 함께할 수 있다.

또 토종종자운동 단체의 각종 시민 참여 프로그램에 참여하는 방법도 있다.

농업은 농사를 짓는 300만 농민의 힘만으로는 지킬 수 없다. 독점 대기업들이 농업과 먹거리를 지배하는 체계를 생산자와 소비자, 전 국민이 스스로 생산과 소비를 결정하는 새로운 먹거리 체계로 바꾸어야 한다. 이렇게 식량 주권을 되찾는 길만이 우리 농업을 지키는 길이다.

살펴보기 3

비아캄페시나 〈발리 씨앗 선언문〉

LA VIA CAMPESINA–BALI SEED DECLARATION

전 세계의 농민들은 씨앗을 놓고 벌이는 전쟁의 희생자다. 우리의 농업 체계는 모든 수단을 동원해서 씨앗을 장악하려는 산업의 위협을 받고 있다. 일상 식품인 씨앗에 우리 모두 의존하고 있기에 이 전쟁의 결과는 인류의 미래를 결정지을 것이다.

전쟁을 벌이는 한 축은 바로 유전공학, 하이브리드(혼종 교배) 기술, 그리고 농약으로 무장한 종자 산업이다. 종자 산업은 더 높은 수익을 내기 위한 수단으로서 씨앗에 대한 권리를 갖고자 한다. 이들 기업은 농민들에게 자사의 씨앗을 구입하도록 강요하고 더욱 기업에 의존하게 함으로써 자신들의 목표를 이루려 한다.

이 전쟁의 또 다른 한 축은 삶 속에서 토종 씨앗 체계를 통해 소중히 지켜온, 그야말로 인류의 유산이라 할 수 있는 씨앗을 보존하고 재생산해낸 소농과 가족농 농민들이다.

기업은 우리의 씨앗을 빼앗아 조작하고자 여러 가지 방법을 고안했다. 씨앗에 소유 표시를 함으로써 우리, 곧 전 세계의 농민들로 하여금 수확 후 이듬해 경작을 위해 씨앗을 보존하고 채집하지 말고 해마다 새로운 씨앗을 구입하도록 강요하고 있다.

기업에서 사용하는 수단에는 농민들이 스스로 재생산해낼 수 없는 유전자 변형 작물(GMO)과 하이브리드(혼종混種) 씨앗, 그리고 씨앗에 대한 산업재산권, 곧 국제 협약과 국내법을 통해 시행되는 특허 등이 포함되어 있다.

종자 산업에서 사용하는 씨앗은 수천 년 동안 우리 손에서 채집되고 육종된 산물이기에, 방법은 다르지만 이 모든 것은 농민에 대한 일종의 절도 행위다.

지금 세계를 먹여 살리는 다양한 작물과 가축이 인류 가까이에 있다는 것은 우리, 곧 소농과 농민에게 감사해야 할 일이다.

기업과 정부는 독점을 하고 천연자원을 수탈하기 위해 인류의 식량과 농업을 위험에 빠뜨리고 있다. 유전적으로 획일화된 몇 가지 종이 수천 가지 다양한 토종을 잠식하고, 우리의 먹거리 체계를 유지할 수 있는 유전적 다양성을 약화시키고 있다.

기후변화에 맞서는 데 다양성은 힘이 되지만 획일성은 병이 된다. 상업적 씨앗은 인류가 기후변화에 맞서고 적응하는 데 필요한 역량을 급감시킬 것이다. 이것이 우리가 지구열을 식히는 데 기여하는 토종 농업과 토종 씨앗을 지키려고 하는 이유다.

우리 공동체는 하이브리드와 유전적으로 조작된 씨앗이 엄청난 살충제, 화학 비료와 농업용수를 필요로 하고 이는 생산 비용 증가와 환경 파괴로 이어진다는 것을 알고 있다.

또한 이러한 씨앗은 가뭄과 병충해에 취약한데 이로 인해 이미 수십 만 건에 이르는 작황 실패 사례가 발생해 농가 경제를 파탄에 이르게 했다. 산업은 유해한 화학물질 없이는 경작할 수 없는 씨앗을 육종한다.

또한 이러한 씨앗은 큰 기계를 사용해서 수확하는 데 용이하게 육종되었고, 운송 과정을 견딜 수 있게 인공적으로 보존된다.

하지만 기업은 이러한 육종 과정에서 아주 중요한 한 가지를 외면했다. 바로 우리의 건강이다. 그 결과 산업에서 내놓은, 성장이 빠른 씨앗들은 영양 가치는 사라지고 화학물질로만 가득 차게 되었다. 이는 수많은 알레르기와 만성 질병을 일으켰으며 토양, 물, 그리고 우리가 숨 쉬는 대기를 오염시킨다.

대조적으로, 씨앗을 재발견하고, 가치를 재평가하고, 보존하고 교환하는 소농 체계는 농민의 토지에서 씨앗을 채집하고 재생산하기에 지역 토착화를 포함해서 세계농식품체계의 근간이 되는 유전적 다양성을 유지하고 향상시키고 있으며, 우리에게 다양한 환경과 변화하는 기후 그리고 기아에 대항하는 데 필요한 역량과 유연성을 제공한다.

토종 씨앗은 지역 환경에 더 잘 적응한다. 이러한 씨앗은 더욱 영양가 높은 식량이 되며 살충제나 기타 값비싼 첨가제 없이도 생태적 농업 체계에서 높은 생산력을 보인다.

하지만 GMO와 하이브리드 종은 우리의 씨앗을 오염시키며 멸종의 위기로 몰고 있다. 토종 씨앗이 생장하던 자리에 그런 종자가 들어서면 토종 씨앗이 사라지게 된다. 인류는 토종 씨앗 없이는 생존할 수 없다. 하지만 기업의 씨앗이 그런 토종 씨앗의 존멸을 위협하고 있다.

확실히 해두자. 우리는 씨앗을 차지하기 위한 전쟁에 직면했다. 그리고 우리 공동의 미래는 이 전쟁의 결과에 달려 있다.

이번 조약으로 판가름 나는 것은 무엇이며 우리는 어떠한 입장을 취해야 하는지 파악하기 위해, 반드시 식량·농업 식물유전자원에 대한 국제조약(ITPGRFA/씨앗협약)을 분석해야 한다.

우선, 우리는 우리의 씨앗을 가로채려는 지속적인 시도를 해온 협약의 역사적 맥락을 염두에 두고 협약을 바라봐야 한다. 기업과 대다수 정부가 전 세계의 보관소에 저장된 토종 씨앗에 산업이 접근하는 것을 정당화하기 위해 협약을 이용하고 있다.

협약은 씨앗에 대한 산업재산권을 인정하고 정당화하는데, 이를 위해 절도와 독점적 권한을 위한 필요조건을 만들었다. 협약에서는 화려한 문체로 농민권 실현에 대한 책임은 각국에 맡긴다고 밝힌다.

그러나 당사국들은 농민권을 적용하지 않고 있다. 그러므로 협약에 농민권을 언급해놓은 것은, 앞으로 우리가 진행할 수 있는 시위와 공개 비판에 대처해 빠져나갈 구멍을 열어놓은 것뿐이다.

그 결과는 WTO와 산업재산권에 대한 법률을 정당화하는 협약이다.

이는 당사국에 농민권은 준수하지 않아도 되는 여지를 주면서 산업재산권이나 육종가의 권리는 법적으로 인정하게 하는 것이다. 결국 절도의 편을 들어주는 모순되고 모호한 협약이다.
모든 것을 잃게 된다는 것은 아니다. 협약은 농민들의 편에서 수정될 수 있지만 그러한 수정은 아주 중대하고 신속한 것이어야 한다. 비아캄페시나는 이를 분명히 한다.

- 씨앗의 민영화와 상업화를 합리화하는 법에 따라, 씨앗을 보존하고 사용하고 교환하고 팔 수 있는 우리의 권리가 형사 처분의 대상이 되는 상황에서, 우리는 종다양성을 유지할 수 없고 세계를 먹여 살릴 수 없다. 씨앗협약은 현재까지 농민권을 인정하는 유일한 협약이다. 하지만 협약 당사국들은 산업재산권과 달리 농민권을 준수하지 않고 있다. 그러므로 협약은 반드시 농민권을 최우선으로 여기고, 반드시 법적으로 보장되도록 해야 한다. 농민권은 협약을 비준한 127개국에서 모두 보장되어야 한다.

- 협약이 씨앗 관련 특허 또는 씨앗에 관한 다양한 형태의 산업재산권을 인정한다면 이는 협약이 인정하는 농민권에 위배되는 일이다. 모든 형태의 특허, 식물 신품종 보호와 농장에서 재생산된 씨앗에 대한 특허사용료, 그리고 생명에 대한 모든 형태의 산업재산권은 협약에서 반드시 금지해야 한다.

- 산업은 우리의 씨앗을 도용하거나 조작한 몇 가지 종으로 경작되는 종다양성을 파괴해서 어마어마한 부채를 낳고 있다. 산업은 지금까지 발생한 부채를 되갚아야 한다. 그러나 어떠한 경우에도, 부채를 되갚는다 해서 우리의 씨앗을 계속 도용할 수 있는 권리가 부여되는 것은 아니다. 기업은 반드시 부채를 되갚아야 하고, 또 씨앗을 도용하는 행위와 종다양성을 파괴하는 행위를 멈춰야 한다.

- 협약은 협약이 인정하는 산업재산권의 '이익 공유'를 제안한다. 이러한 이익은 우리의 토종 씨앗을 훔쳐서 생겨난 것이다. 우리는 우리 씨앗을 절도하는 행위에 따라 생겨난 이익을 원하지 않는다. 또한 우리는 씨앗에 대한 산업재산권을 원치 않기에 이익 공유를 원하지 않는다.

- 우리는 현존하는 체계, 곧 우리 지역 내에서 우리가 관리할 수 있는 농민의 씨앗 체계를 위한 공공 정책을 요구한다. 공공 정책은 하이브리드 씨앗과 같은 재생 불가능한 씨앗이 아닌 토종 씨앗을 홍보해야 한다. 독점을 막고, 생명공학을 지지하기보다는 토지에 대한 접근성과 토질 관리를 지지해야 할 것이다. 공공 정책은 산업의 관리·감독이 아닌 농민 단체의 관리·감독하에 농민의 농지에 대한 참여적 연구를 조성해야 한다. 우리는 우리 지

역 공동체에서 토종 씨앗을 보존하고 관리하며 개발하고 나누기를 요청한다. 이것이 절도 행위에 저항하는 가장 최선의 방법이면서 동시에 종다양성을 유지하기 위한 최선의 방법이다.

- 중앙 집권화된 유전자은행은 농민들의 요구에 응하지 않는다. 이러한 유전자은행들은 생물 해적 행위를 저지르는 기업의 이익에 부합하는 씨앗 박물관일 뿐 농민들에게는 실질적인 접근을 허용하지 않는 곳이다. 이에 더해, 이들 은행에서 우리의 씨앗은 유전자오염과 산업재산권에 의해 위험에 처한 상황이다. 우리는 위험에 놓인 우리 씨앗을 보존하는 일에 관해 정부나 협약을 믿을 수 없다. 우리는 다음과 같은 요소들이 존재하는 한 산업 또는 다자간 체제로 운영되는 유전자은행에 우리 씨앗을 넘기기를 거부한다. 식물에 대한 특허, 농사 현장에서 거둔 씨앗에 대해 로열티를 요구하는 식물 신품종 보호 제도와 같은 갖가지 산업재산권 체계, GMO.

- 씨앗의 상업화는 아시아와 남아메리카, 그리고 아프리카에서 우리의 토종 씨앗을 심각하게 위협하고 있다. 우리 단체 회원이 속한 일부 국가, 특히 유럽과 미국에서는 이미 산업 씨앗의 상업적 독점으로 대부분의 재래종이 소멸했다. 이들 국가에서 상업적으로 판매되는 품종은 일련의 방법으로 조작되었기 때문에

화학 비료나 산업적 처리 과정을 거치지 않고서는 잘 자라지 않는다. 그래서 이러한 상업적 종자를 가지고 농민들이 보존을 해나갈 수 없다. 산업 씨앗은 영양 가치 대부분을 잃었고 유전적으로 상당히 변형되었다. 우리는 모종자가 유전자은행에 갇혀 있는 상업 씨앗을 바탕으로 새로운 토종 씨앗을 채집할 수 없다. 우리는 반드시 우리의 씨앗이 보관된 다자간 체제의 유전자은행에 조건 없이 접근할 수 있어야 한다.

● 우리 농민들은 우리 씨앗을 우선 농지에 보존할 수 있을 뿐만 아니라 곡창, 곳간, 그리고 소규모 국외 수집에 기여하는 지역 내 씨앗 보존 조직에도 보관할 수 있다. 우리는 이러한 '현장 외 보존'(종자 보급소)을 최대한 우리 농경지 가깝게 두어, 농민들이 씨앗에 대한 권한, 책임, 접근을 유지할 수 있게 한다. 우리 농민들은 우리만의 '다자간 체제'를 조성한다. 씨앗을 보존하는 일은 단독의 것이 아니라는 점을 다시금 강조하며, 우리만의 다자간 체제에 근거해서 우리는 협약과 협력할 수 있다. 만약 협약이 우리와 협력하기를 원한다면, 우리의 규정과 권리를 존중하고 산업재산권과 GMO를 금지해야 한다.

● 협약의 과정이 UN 내에서 이루어지는바, 토종 씨앗 체계를 지키는 책임은 각 국가에 있다. 하지만 세계무역기구는 농민권을

준수하지 않고 육종가의 권리는 법적으로 보장하도록 했다. 우리는 육종가의 권리가 농민권에 부속하도록 농민권 의무화를 요구한다. 그러려면 농민권을 거부하고 씨앗의 민영화와 상업화를 인정하는 법이 반드시 폐지되어야 한다. 우리는 농민권을 인정하는 국내법 도입을 요구한다. 비아캄페시나는 유엔에서 농민권에 관한 국제 협약을 신속히 승인, 비준할 것을 요구하는 바다. 농업과 씨앗은 WTO와 자유무역협정의 틀에서 설 자리가 없다.

- 이 협약은 오늘날 소농과 토착민이 겪고 있는 많은 역경 중 일부일 뿐이다. 리우+20회의•는 '돈세탁한' 자본주의와 소농 농업, 농업생태학, 우리 토종 씨앗 사이의 분명한 대립을 보여주었다. 비아캄페시나는 희망과 인류의 미래를 상징하는 농업생태학과 농민들의 씨앗을 수호할 것이다. 우리가 지금까지 보여주었듯이, 지속 가능한 소농 농업은 지구의 기온을 낮추고 세계를 먹이는 데 모두 기여할 수 있다.

- 만약 당사국 정부들이 농민권을 지키기 위해 효율적으로 또 적극적으로 나서서 협약을 개선하려 한다면, 우리는 로마의 유엔 식량농업기구에 수반하는 식량안보위원회처럼 협약과 관련된 위원회에 참여하는 것을 포함해 협약에 협력할 의지가 있다. 하

지만 GMO, 하이브리드, 그리고 산업재산권이 우리를 땅에서 몰아내고 있는 상황에서 끝없는 토론으로 우리를 밀어붙일 협약과는 협력을 위한 문을 열지 않을 것이다.

협약이 종다양성을 지키는 우리를 인정하고 않고 여부를 떠나서 우리는 유전적 다양성을 확보할 수 있고, 우리만의 토종 씨앗 체계 내에서 협력할 것이며, 과거에 그랬던 것처럼 미래에도 세계를 먹일 것이다. 우리는 우리뿐 아니라 우리 아이들을 위해 씨앗을 지켜낼 것이다. 토종 씨앗은 인류를 위해 일한 소농 공동체와 토착민의 유산이다.

• 1992년 브라질 리우데자네이루에서 처음 열린 뒤로 10년마다 개최되는 환경 관련 유엔 정상회의. 유엔 지속가능발전정상회의United Nations Conference on Sustainable Development(UNCSD)라고도 한다.

종자는 농민의 손에 관리되어야 한다

이 책은 종자(씨앗)를 둘러싸고 벌어지는, 눈에 보이지 않지만 아주 치열하게 진행되고 있는 전쟁을 다룬다.

종자 전쟁은 두 가지 측면에서 진행된다. 하나는 종자를 독점하기 위해 거대한 자본과 기업들이 서로 치열한 경쟁을 벌이고 있는 것이다. 다른 하나는 소수에게 독점되어 있는 종자를 인류의 공동 자산으로 되찾아오려는 시민과 농민 들이 자본과 기업을 상대로 벌이고 있는 것이다.

전자는 자본과 자본, 기업과 기업이 벌이는 전쟁이다. 그 전쟁의 목적은 종자를 자신이 독점함으로써 더 많은 돈을 벌고자 하는 것이다. 이 전쟁의 밑바탕에는 더 많은 이윤과 권력을 쫓는 자본과 기업의 탐욕이 자리하고 있다. 한마디로 욕심이 빚어낸 더러운 전쟁이라고 표현할 수 있을 것이다.

후자는 세계 곳곳에서 시민과 농민 들이 거대 자본과 기업을 상대로 벌이는 전쟁이다. 이 전쟁의 목적은 종자를 인류 공동의 자산으로 회복하고, 농민에게 그 종자의 권리를 되찾아주려는 것이다. 이 전쟁은 종자 독점을 종식시키고 종자 주권을 실현하는 것을 궁극적인 목적으로 한다. 지구촌의 인류가 지향해야 할 공동의 가치를 찾으려는 치열한 투쟁이라고 말할 수 있다.

종자 독점은 농민의 삶을 파괴하고 농촌 공동체를 붕괴시켰다. 10년간 인도 농민 약 20만 명이 자살을 선택하기에 이른 충격적인 현상은 유전자조작 면화 종자 때문이었다. 피해가 크고 작고는 차이는 있지만 종자 독점 때문에 농민이 죽고 농촌이 파괴되는 일은 여전히 현재 진행형이다.

종자 독점은 농업의 산업화와 불가분의 관계를 맺으면서 이루어져왔다. 농민들이 재배하는 작물은 거대 기업이 판매하는 몇 가지 품종에 한정되었고, 해당 품종을 재배하려면 농기계를 더 많이 사용하고 그 종자에 맞는 농약과 비료를 더 많이 사용해야만 했다. 그렇게 하면 더 높은 생산성을 올리기 때문에 농민들에게도 이익이라고 종자기업들은 선전했지만, 현실은 그렇지 않았다. 미국의 소비자들이 지출한 농산물 가격 가운데 농가의 몫으로 돌아가는 비중을 조사한 보고서에 따르면 1910년대에는 농가의 몫이

약 40퍼센트였으나, 1990년대에는 약 7퍼센트 수준으로 크게 감소했다. 반면 같은 기간에 종자, 농기계, 농약, 비료 등 농자재 기업의 몫으로 돌아간 비중은 약 18퍼센트에서 약 37퍼센트로 두 배 이상 늘어났다.•

농민이 단위당 소득이 감소한 것을 만회하고 종전과 같은 수준의 소득을 올리려면 그만큼 농사 규모를 확대하지 않을 수 없었다. 한정된 농지를 둘러싸고 농민들이 규모화를 위해 경쟁하지 않을 수 없었으며, 경쟁에서 탈락한 농민의 삶은 파괴되었다. 농가의 몫이 줄어들수록 규모화를 위한 농민들의 경쟁은 더욱 치열해졌고, 많은 농민들이 강제로 농사를 포기해야 했다. 농업은 소수 대농이나 기업농에 집중되었다. 이러한 악순환은 지금도 여전히 진행 중이다. 지금 이 순간에도 세계 곳곳에서 소농과 가족농이 강제로 농업에서 밀려나고 있고, 농촌의 공동체는 파괴되고 있다.

종자 독점과 농업의 산업화는 세계 곳곳에서 더 많은 농약, 비료, 농기계를 투입하는 화학 농법을 확대시켰다. 따라서 토양과 물이 오염되는 환경 파괴가 광범위하게 확산되었고, 생물의 종이 단순화되면서 생태계의 지속 가능성이 위협받기에 이르렀다. 이에 더하여 유전자조작 종자의 등장은 환경과 생태계의 심각한 재

• Stew Smith, "Farming–It's Declining in the US", *Choices*, 1997.

앙을 예고하고 있다.

거대 자본은 우수한 종자와 화학 농업이 더 많은 식량을 생산하기 때문에 지구촌 인류의 식량 문제를 해결하는 데 필수적이라고 주장해왔다. 그러나 현실은 정반대 결과를 보여준다. FAO에 따르면 1990년대 초반엔 지구촌 기아 인구가 약 8억 5000만 명이었는데, 2000년대 후반에는 약 10억 명으로 늘었다고 한다.

화학 농법이 단위 면적당 생산성을 높이는 효과를 거두기는 했다. 그러나 수많은 소농과 가족농이 농사를 포기하고 소수 기업농에 농업 생산이 집중되면서 식량 생산량이 소비 증가량을 따라가지 못했다. 이 때문에 농업 기술이 발달했음에도 식량 위기가 발생한 것이다. 그러나 식량 위기에 따른 식품 가격의 폭등은 종자와 먹거리를 지배하는 거대 자본에게 막대한 이윤을 안겨주었다. 종자와 먹거리를 지배하는 소수 자본에게 식량 위기는 반드시 해결해야 할 과제가 아니라, 더 많은 이윤과 권력을 가져다주는 '황금 알을 낳는 거위'와 같은 것이다. '종자를 지배하는 자가 세계를 지배한다'는 말은 결코 과장된 표현이 아니다. '종자에서 슈퍼마켓까지' 거대 초국적 자본들이 독점의 촘촘한 그물망을 조이고 있기 때문이다.

종자 독점에서 시작된 환경과 생태계의 파괴, 그리고 식량 위기는 인류의 지속 가능성을 위협한다. 심각성을 먼저 자각한 시민사회와 농민들은 종자 독점을 종식시키기 위한 운동을 시작했다. 이 책에서 소개한 인도의 나브다냐 운동, 호주의 시드세이버스네트워크, 브라질의 바이오나투르, 그리고 우리나라의 토종 씨앗 지키기 운동은 종자 독점에 대한 저항이자 변화를 이루려는 시도다.

종자 독점에 저항하는 시민사회와 농민은 '종자는 소수 자본과 기업이 독점하는 사유물이 아니라 인류 공동의 자산이다. 그리고 이 소중한 자산은 농사를 짓는 농민들의 손에 관리되어야 한다'고 주장한다. 농민들은 종자를 돈벌이의 수단으로 인식하지 않는다. 사람들에게 필요한 건강한 먹거리를 생산할 수 있는 씨앗이라고 생각한다. 인류가 농사를 시작한 뒤로 농민은 먹거리 생산의 당사자로서 종자를 소중히 관리해왔다. 누구도 종자를 독점적으로 소유하지 않았다. 수많은 농민의 경험과 지혜가 모이고 나뉘는 가운데 더 좋은 종자의 발굴과 보급이 이루어져왔다. 이렇게 보존된 종자를 소수 자본과 기업이 마치 원래부터 자기 것인 양 사유화하고 독점한 것은 해적들의 약탈 행위와 다름없다.

생물 해적질에 약탈당한 종자에 대한 농민과 인류의 권리를 되찾으려는 노력을 우리는 '종자 주권' 운동이라고 부른다. 종자 주권은 오늘날의 종자 독점을 대체할 대안을 담은 개념이다.

종자 독점에 저항하는 다양한 시도들은 종자 주권 실현에 이르는 대장정의 첫걸음과 같다. 종자주권운동을 하는 이들은 다양한 시도를 실천하면서 다른 한편으로, 종자 독점을 막고 종자 주권을 확대하기 위한 국제 공통 규범을 만들고자 노력하고 있다. 생물다양성협약과 식물유전자원조약 같은 기존의 국제 협약을 개정하여 종자 주권을 실현하는 데 필요한 실질적 내용을 담으려는 노력이 그것이다.

종자 주권은 종의 다양성, 생물의 다양성을 보존하여 지구촌의 생태계를 지속 가능하게 만든다. 종자가 소수 거대 자본의 이윤과 권력을 위한 수단으로 악용되는 것을 막고, 모든 인류에게 지속 가능한 먹거리를 제공하는 씨앗이 되도록 한다. 그래서 안전한 환경과 먹거리를 만들고, 인류의 지속가능성을 지켜낸다.

이것이 우리가 종자 주권에 관심을 가져야 하는 이유다. 토종 종자를 지키기 위해 노력하는 모든 이들의 땀방울에 관심을 가져야 하는 이유이기도 하다. 그리고 이것이 이 책을 발간하게 된 출발점인 동시에 결론이기도 하다.

농사꾼은 종자를 베고 죽을지언정 결코 먹어 없애지 않는다

수확의 기쁨을 누리면서 1년 농사가 끝나면, 농민들은 반드시 이듬해에 파종할 종자부터 챙긴다. 자기가 수확한 것 중에서 종자로 쓸 만한 튼실한 것을 골라 이듬해 파종 때까지 고이 간직하는 것이다. 농사꾼은 아무리 배가 고파도 종자를 베고 굶어 죽을지언정 결코 먹어 없애지 않는다는 말처럼, 종자는 농사의 출발이다. 인류가 농사를 시작한 이래 수천 년을 면면히 지켜온 불문율과 같은 것이다.

종자를 남에게 의존하는 것은 올바른 농사가 아니었다. 또한 종자는 누가 독점할 수 있는 것도 아니었다. 농사를 짓는 사람이면 누구나 수확을 통해 자기 스스로 종자를 얻을 수 있었다. 종자는 자연이 인간에게 선물한 인류의 공동 자산이었다.

그러나 농업의 산업화는 종자를 농민의 품에서 앗아갔고, 종자는 몇몇 종자회사의 통제를 받게 되었다. 종자기업들은 인류의 공동 자산이었던 종자를 마치 원래부터 자신의 소유물인 것처럼 사유화하고, 나아가 독점적으로 지배하기에 이르렀다. 농민들은 소수 종자회사가 돈을 받고 판매하는 종자에 의존하지 않으면 농사를 짓기 어려운 상태가 되었다. 종자를 지배하는 자가 농업을 지배하고, 나아가 인류의 먹거리를 지배하는 힘도 갖게 된다.

종자의 사유화 혹은 독점화는 인류에게 예상치 못한 재앙과 피해를 가져다주었다. 이 책에도 나오지만 지난 10년 동안 약 20만 명에 이르는 인도 농민이 자살을 택했다고 한다. 그런데 그 이유가 유전자조작으로 만들어진 면화 종자를 재배한 데서 비롯되었다는 사실은 매우 충격적이다. 이 종자를 재배하면 수확량도 늘고 농약도 덜 쓰게 되어 많은 돈을 벌 수 있다는 종자회사의 광고를 보고, 많은 인도 농민이 이 회사가 제공하는 유전자조작 면화를 앞다투어 재배했지만, 그 결과 눈덩이처럼 불어나는 부채를 감당하지 못해 자살이라는 극단적인 선택을 했다고 한다.

1998년부터 유전자조작 대두 재배가 합법적으로 허용된 아르헨티나에서는, 거대 종자회사 몬산토가 공급하는 유전자조작 대두 종자가 재배된 지 4, 5년 사이에 10만 명 넘는 소농이 파산한 것으로 알려졌다. 게다가 유전자조작 대두 재배 지역에서 비행기로 농약을 대량 살포하는 바람에 인근 지역에서는 맑은 날에도 농약 비가 내려 주민들이 큰 고통과 피해를 당했다고 한다. 또한 유전자조작 대두 재배 면적이 급격하게 확대되면서 쌀, 밀, 옥수수, 낙농 등 다른 농산물의 생산이 대폭 감소했고, 이 때문에 주요 곡물의 가격이 폭등하여 아르헨티나 서민층의 식료품 값이 전반적으로 크게 올랐다.

인도와 아르헨티나는 세계의 주요 곡창지대로 농산물 수출국이었지만 종자 때문에 농민들은 파산과 죽음으로 내몰리고, 땅과 물 그리고 공기와 같은 환경은 심각하게 파괴되고, 서민층의 식료품 가격 부담은 더욱 커지는 재앙이 초래되었다. 이들 사례 외에도 종자 문제로 인한 농민의 고통, 환경 파괴, 그리고 식량 불안은 세계 곳곳에서 일상적으로 벌어지고 있다. 우리나라에서도 비슷한 현상이 나타나고 있다. 이 책은 종자가 소수 종자기업에 독점적으로 소유되면서 벌어지는 여러 가지 문제를 상세히 소개한다.

아울러 이와 같은 현상이 나타나게 된 이유에 대해서도 심층적으로 파헤친다. 인류의 공동 자산으로서 누구나 스스로 얻을 수 있었던 종자가 어떤 이유로 농민의 손을 떠나 종자회사의 사적 소유로 넘어가게 되었는지 그 역사적인 과정을 알아보았다. 그리고 종자로 돈을 버는 기업들이 종자를 통해서 농업을 지배하고 인류의 먹거리를 장악하는 데 가장 유력한 수단으로 활용하고 있는 방법이 바로 유전자조작 농산물이라는 사실을 밝힌다.

세계 곳곳에 강력한 네트워크를 형성하고 있는 초국적 종자기업들은 유전자조작 농산물이 농민에게 더 많은 돈을 벌게 해주고, 지구촌의 식량 위기를 해결할 유력한 대안이 된다고 홍보한다. 우리나라에서도 초국적 종자기업의 홍보 논리가 그대로 전파되고 있다. 그러나 유전자조작 농산물은 농민을 위한 것도 아니고 식량 위기를 해결할 대안도 아니다. 오히려 농민과 소비자 그리고 환경에 심각한 재앙을 가져다줄 가능성이 더 크다. 이 책을 읽은 독자들은 그 이유를 충분히 알 수 있을 것이다.

세계적인 초국적 종자기업들은 왜 종자를 독점하려고 혈안이 되어 있는가? 왜 그들은 상상도 못 할 거대한 자금을 유전자조작 종자 개발에 쏟아붓고 있는가? 그들은 종자를 지배하는 자가 세계를 지배한다는 것을 알고 있다. 종자를 장악하면 농업과 먹거리를 지배할 수 있기 때문이다. 그래서 그들은 전 세계를 상대로 종자를 독점 장악하려는 전쟁을 벌이고 있다. 만약 그들이 종자 전쟁에서 승리한다면 그들에게 이 세상은 더 많은 이윤과 권력을 가져다주는 엘도라도가 될 것이다.

그러나 초국적 종자기업들은 종자 전쟁의 승리자가 되지 못할 것이다. 왜냐하면 소수 종자기업에 독점되어 있는 종자를 되찾으려는 지구촌 농민들과 시민사회의 저항이 점차 거세지고 있기 때문이다. 비록 여러 한계가 있기는 하지만 세계 여러 나라가 종의 다양성을 확보하려는 생물다양성협약과 식물유전자원조약에 가입한 것은 소수에게 독점되어 있는 종자를 인류의 보편적인 공동

자산으로 회복하려는 국제적인 노력의 작은 성과라고 할 수 있다. 그뿐만 아니라 인도의 나브다냐 운동, 호주의 시드세이버스네트워크, 브라질의 바이오나투르 같은, 토종 종자를 지키고자 하는 실천 운동이 세계 곳곳에서 확산되고 있다. 우리나라에서도 여성 농민들과 도시 농부들이 앞장서 토종 씨앗 지키기 운동을 벌이면서 세계적인 흐름에 동참하고 있다. 이들의 실천과 지향은 한 가지 공통된 구호로 모아진다.

종자 독점에서 종자 주권으로!

이것은 이 책이 독자 여러분께 전하고자 하는 가장 중요한 메시지이기도 하다.

이 책은 정현덕 PD 연출, 고은희 작가 글·구성으로 KBS스페셜 팀에서 제작, 방영한 다큐멘터리 〈종자, 세계를 지배하다〉를 바탕으로 만들어졌다. KBS 스페셜 제작진의 노력 덕분에 이 책이 나올 수 있었다. 이 책은 KBS 스페셜 본 방송뿐만 아니라, 취재는 됐으나 시간 제약상 방송되지 못한 세계 각국 전문가들의 인터뷰와 문헌 자료, 사진 등 KBS 스페셜 제작진이 축적한 방대한 분량의 취재물들을 재구성한 것이다. 한편 이 책이 결실을 맺기까지 자료를 정리하고 내용을 가다듬는 수고를 아끼지 않은 농업농민정책연구소 녀름의 이호중, 송원규, 홍형석, 이경태, 박지은 연구원의 노고에 감사하지 않을 수 없다.

모쪼록 이 책이 독자들에게 종자를 새롭게 인식하는 계기가 되기를 간절히 바란다. 그동안 잘 몰랐던 부분이 있다면 이해를 높이는 기회가 되었으면 하고, 종자 문제를 입체적으로 바라보는 데 도움이 되기를 기대한다. 무엇보다도 종자 문제에 대한 독자들의 관심과 숙고를 불러 모으는 데 조금이라도 도움이 된다면 더 바랄 나위가 없을 것이다.

엮은이 장경호

참고문헌

1. 비극의 기록

농촌진흥청, 〈식량농업 식물유전자원 국가보고서〉, 2009.

《동아일보》 2011년 10월 15일자(인터넷).

마리 모니크 로뱅, 이선혜 옮김, 《몬산토: 죽음을 생산하는 기업》, 이레, 2009.

《매경이코노미》 제1676호, 2012. 9. 26~10. 9.

몬산토 사 홈페이지 www.monsanto.com

이석영 외, 농촌진흥청 RDA인테러뱅Interrobang 제28호 《신유전자원 가치론》, 2011. 8. 3.

이주영, 해외 리포트 〈"아이들의 발목이 썩어가고 있어요" 농약 비 내리는 아르헨티나의 비극〉, 《오마이뉴스》 2009년 10월 5일.

이혜민, 〈'종자주권 만세' 외칠 수 있나〉, 《주간 동아》 제859호, 2012. 10. 22.

한국바이오안전성정보센터 www.biosafety.or.kr

Tamil Nadu, "Bt cotton fails farmers in state", *IBN Live News*, November 22, 2011(http://greenbio.checkbiotech.org/news/bt_cotton_fails_farmers_state).

2. 비극의 배경

김철규, 〈현대 식품체계의 동학과 먹거리 주권〉, 《환경사회학연구 ECO》 제12권 2호, 2008. 12.
농림수산식품부, 《농림수산식품 주요통계 2012》, 2012.
농촌진흥청 국립농업과학원, 〈상업용 유전자변형작물의 세계 현황/2012〉, 2013. 4.
마리 모니크 로뱅, 이선혜 옮김, 《몬산토: 죽음을 생산하는 기업》, 이레, 2009.
문태준, 〈리눅스의 역사와 대중화〉, 《현장에서 미래를》 제115호~제116호, 한국노동이론정책연구소, 2005~2006.
미국 농무부 자연자원보호청 홈페이지 www.nrcs.usda.gov
에릭 홀트 히메네스 · 라즈 파텔, 농업농민정책연구소 녀름 옮김, 《먹거리 반란: 모두를 위한 먹거리와 지속가능한 미래를 위한 혁명》, 따비, 2011.
윤병선, 〈세계 농식품체계하에서 지역먹거리운동의 의의〉, 《환경사회학연구 ECO》 제12권 2호, 2008. 12.
잭 클로펜버그 2세, 허남혁 옮김, 《농업생명공학의 정치경제》, 나남, 2007.
ETC 그룹 홈페이지 www.etcgroup.org

3. 기업은 어떻게 종자를 독점하게 되었는가

경실련 소비자정의센터, 〈GMO 표시현황 실태조사〉, 2013. 5.
고와카 준이치 · 정광모, 《유전자조작식품의 정체》, 정우사, 2001.
국립종자원 홈페이지 www.seed.go.kr
미디어민주주의센터Center for Media and Democracy, www.sourcewatch.org
식품의약품안전청, 《유전자재조합 식품의 올바른 이해》, 1998.
요시다 타로, 김석기 옮김, 《농업이 문명을 움직인다》, 들녘. 2011.
일본 뉴턴프레스, 강금희 옮김, 《생물 다양성》, 뉴턴코리아, 2011.
잭 클로펜버그 2세, 허남혁 옮김, 《농업생명공학의 정치경제》, 나남, 2007.

정은주, 〈낚이셨습니다 '콩 100% 국내 제조 콩기름'〉, 《한겨레》 2013년 6월 20일(인터넷)
조나단 실버타운, 진선미 옮김, 《씨앗의 자연사》, 양문. 2010.
한국바이오안전성정보센터 www.biosafety.or.kr
헬레나 노르베리 호지, 양희승 옮김, 《오래된 미래》, 중앙북스, 2012.
Clive James, 2011 ISAAA Report on Global Status of Biotech/GM Crops.
Clive James, 2012 ISAAA Report on Global Status of Biotech/GM Crops.
John Vidal, "US dumping Unsold GMO Food on Africa", *The Guardian*, 7 October, 2002.

4. 종자를 장악하는 자가 세계를 지배한다

고종민 외, 농촌진흥청 RDA인테러뱅Interrobang 제35호 《콩의 전성시대》, 2011. 9. 28.
국제종자연맹 홈페이지 www.worldseed.org
신종수, 《종자강국: 세계시장에서 답을 찾다》, 농촌진흥청, 2010.
이한영 외, 〈주요국의 생명공학과 관련된 특허성 판단기준에 대한 연구: 미국, 일본, 유럽특허청의 심결 판결례를 중심으로〉, 특허청, 2002.
Anup Shah, "Food Patents Stealing Indigenous Knowledge?", *Global Issues*, September 26, 2002(http://www.globalissues.org/print/article/191).
Cat Lazaroff, "Report Cites Benefits of Biotechnology for Developing Countries", *Environment News Service*, July 11, 2001(http://www.ens-newswire.com/ens/jul2001/2001-07-11-07.asp).
ETC 그룹 홈페이지 www.etcgroup.org
Geoffrey Lean, "GM: New study shows unborn babies could be harmed", *The Independent*, 8 January 2006.
Gundula Meziani and Hugh Warwick, *Seeds of Doubt: North American*

farmers' experiences of GM crops, Soil Association, 2002. 9(http://www.soilassociation.org/LinkClick.aspx?fileticket=6lQJZLPalqo%3D&tabid=390), pp. 19-20.

James Z. Zhang, et al., "From Laboratory to Field: Using Information from Arabidopsis to Engineer Salt, Cold, and Drought Tolerance in Crops", *Plant Physiology*, June 2004, Vol. 135, pp. 615-621.

Mae-Wan Ho and Lim Li Ching, "The Case For A GM-Free Sustainable World Independent Science Panel", Institute of Science in Society & Third World Network, 2003(http://www.psrast.org/caseforGMfreeW.pdf).

Michael T. Jackson, "Protecting the Heritage of Rice Biodiversity", *GeoJournal*, Volume 35, Number 3, pp. 267-274.

Neem Foundation www.neemfoundation.org

Philip J. Regal, "A Brief History of Biotechnology Risk Debates and Policies in the United States: The Engineering Ideal in Biology", Edmonds Institute, 1998(http://www.tc.umn.edu/~regal001/GEhistory.htm).

Royal Society of New Zealand, *Genetic Engineering-an Overview, 4. Environmen tal Aspects of Genetic Engineering*.

Stephen Nottingham, *Eat your Genes: How Genetically Modified Food Is Entering Our Diet*, London: Zed Books, 1998.

Steven H. Schneider et al. eds., *Climate Change Science and Policy*, Island Press, 2009.

UK Soil Management Initiative, "Frequently Asked Questions: Advantages and Disadvantage of Minimum Tillage"(www.smi.org.uk).

US Patent and Trademark Office, USPTO Patent Database, 3 March 1998.

Via Campesina, "The Position of Via Campesina on Biodiversity, Biosafety and Genetic Resources", 2001.

5. 종자 주권을 위해

권복기, 〈우리 것 지키는 '밀알'로 살지요〉, 《한겨레》 2008년 8월 25일(인터넷).

김시열, 〈토종으로 생명곳간을 지키는 사람들〉, 《오마이뉴스》 2010년 3월 9일.

김은진, 〈자가채종 농민도 육종가이다〉, 《한국농정신문》 2009년 9월 14일(인터넷).

김은진, 〈종자산업법 개정 유감〉, 《한국농정신문》 2011년 9월 4일(인터넷).

김은진, 〈지적재산권으로서의 농부권 보호와 종자주권〉, 《경영법률》 21권 1호, 한국경영법률학회, 2010.

김은진, 〈토종씨앗의 가치와 제도적 방안〉, 전국여성농민회총연합 간담회 자료, 2011.

나브다냐 홈페이지 www.navdanya.org

농촌진흥청, 〈식량농업 식물유전자원 국가보고서〉, 2009.

대구녹색소비자연대, 〈인도 나브다냐 방문기〉, 2011 (http://www.dgcn.org/blog/astro/948).

몬산토코리아 홈페이지 http://www.monsantokorea.com/record/saved_seed_lawsuits_2.asp.

문태준, 〈리눅스의 역사와 대중화〉, 전주 정보통신연대(INP) 발표 자료, 2001.

시드세이버스네트워크 홈페이지 www.seedsavers.net

신지연, 〈갈무리하고 다시 뿌리기, 원래 여성들 몫이었다-전국여성농민회총연합의 토종 씨앗 운동〉, 《살림이야기》 2011년 봄호.

오윤석, 〈식물유전자원에 대한 국제조약에 대한 고찰〉, 《지식재산21》 2009년 4월호.

전국여성농민회총연합 토종씨앗지킴이 페이지 www.kwpa.org/xe/tojong

토종종자모임 씨드림 카페 http://cafe.daum.net/seedream/

황경의, 〈토종씨앗으로 미래를 지키는 사람들〉, 민주노동당 기관지, 2011년 6월 14일.

ETC Group, *Who Owns Nature? Corporate Power and the Final Frontier in the Commodification of Life*, 2008.

Friends of the MST, "MST and Agroecology: BioNatur (Organic) Seeds"(http://www.mstbrazil.org/?q=seeds).

Hannah Wittman et al. eds., *Food Sovereignty: Reconnecting Food, Nature and Community*, Food First Books, 2010.